Estudo básico do Cifrado

O VIOLÃO TEM SEIS CORDAS

(mi lá ré sol si mi)

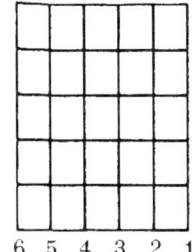

A gravura ao lado representa o braço do violão.
Os números abaixo do quadro indicam as cordas:

- Nº 1 — **primeira corda** (mi)
- Nº 2 — **segunda corda** (si)
- Nº 3 — **terceira corda** (sol)
- Nº 4 — **quarta corda** (ré)
- Nº 5 — **quinta corda** (lá)
- Nº 6 — **sexta corda** (mi)

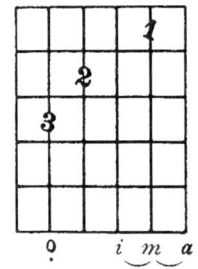

Como devem ser executados os sinais encontrados abaixo do quadro ao lado.
Primeiro o polegar (o) e em seguida, as três cordas juntas com os dedos: indicador (*i*), médio (*m*) e anular (*a*).

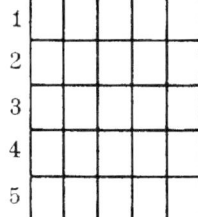

Os traços horizontais são os **trastes**.
Os números ao lado do quadro indicam as **casas**.

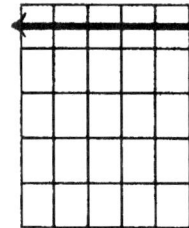

A barra (ou seta) que se vê no quadro ao lado indica a **Pestana**, que é feita com o indicador dedo número (**1**), apertando tôdas as cordas.

Os números dentro do quadro indicam os dedos da mão esquerda, que se contam a partir do indicador:

- **1** — indicador
- **2** — médio
- **3** — anular
- **4** — mínimo

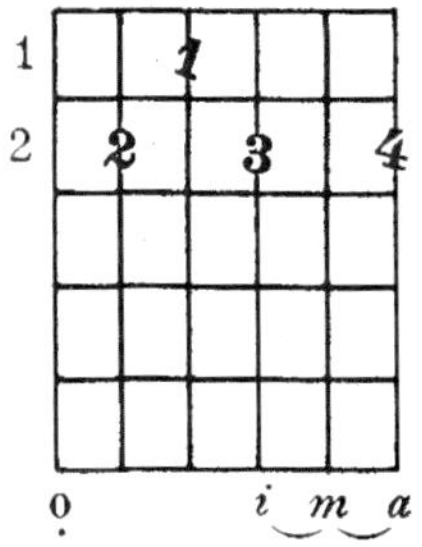

Os sinais abaixo do quadro indicam os dedos da mão direita:

- *o* — polegar
- *i* — indicador
- *m* — médio
- *a* — anular

(*o dedo mínimo da mão direita não tem função no violão*)

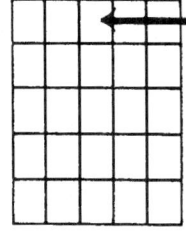

Na **meia-pestana**, apertam-se as três primeiras cordas.

CIFRADO

O cifrado é universal.

TONALIDADES

As tonalidades são indicadas por letras.

Tons maiores

Letras maiúsculas

| A | B | C | D | E | F | G |
| lá | si | dó | ré | mi | fá | sol |

Tons menores

Letras maiúsculas, seguidas de um (m) minúsculo.

| Am | Bm | Cm | Dm | Em | Fm | Gm |
| lá | si | dó | ré | mi | fá | sol |

SINAIS USADOS NO CIFRADO

♯ sustenido

♭ bemol

6 (sexta) — 7 (sétima) — *etc.*

9 M (nona maior) — 7 M (sétima maior) — *etc.*

5 + (quinta aumentada) — 9 + (nona aumentada) — *etc.*

9 - (nona menor)

dim (acorde diminuto)

No violão popular, as tonalidades dividem-se nas seguintes posições:

Tom maior — primeira, segunda, preparação, terceira maior, preparação e terceira menor.

Tom menor — primeira, segunda, preparação e terceira menor.

Os tons maiores são compostos de **seis acordes** e os tons menores, de **quatro acordes**.

EXEMPLOS

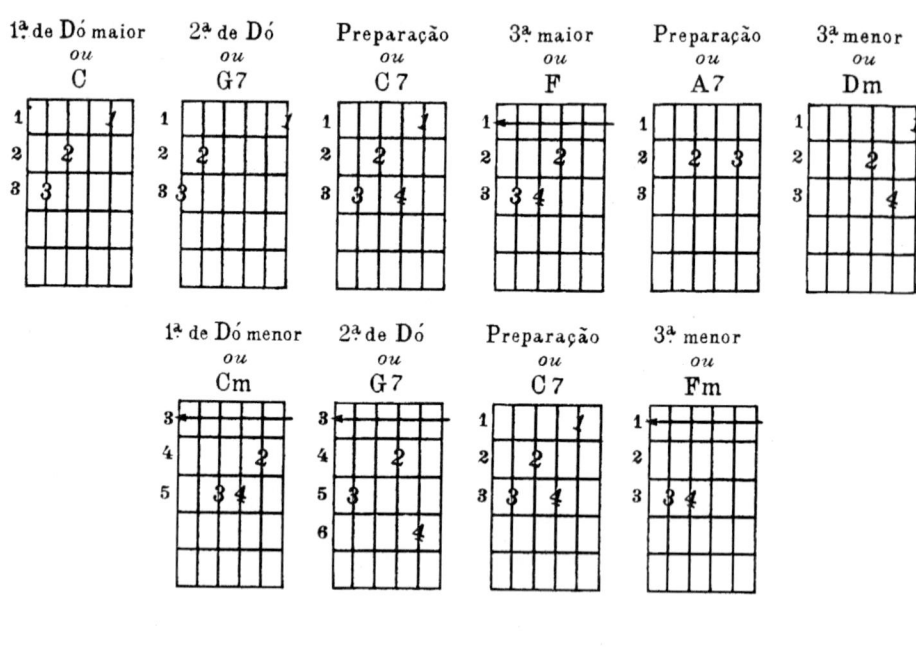

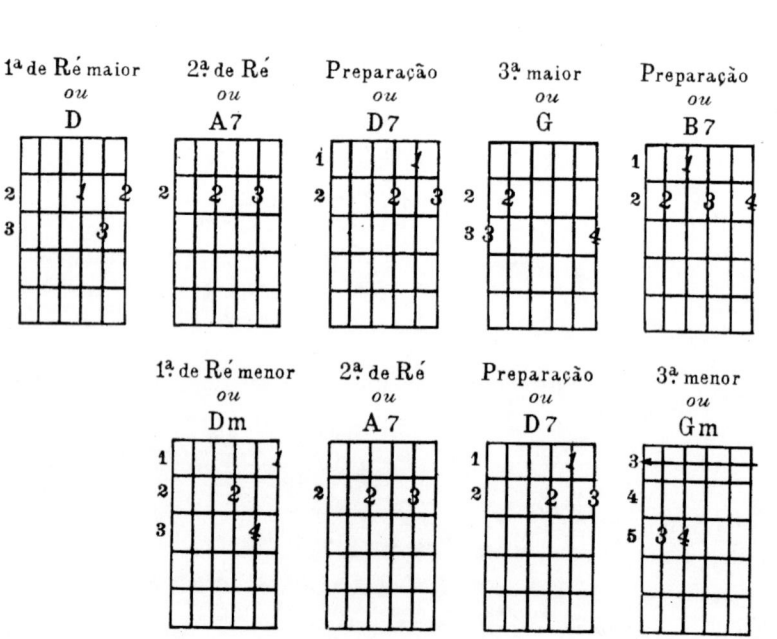

Maiores

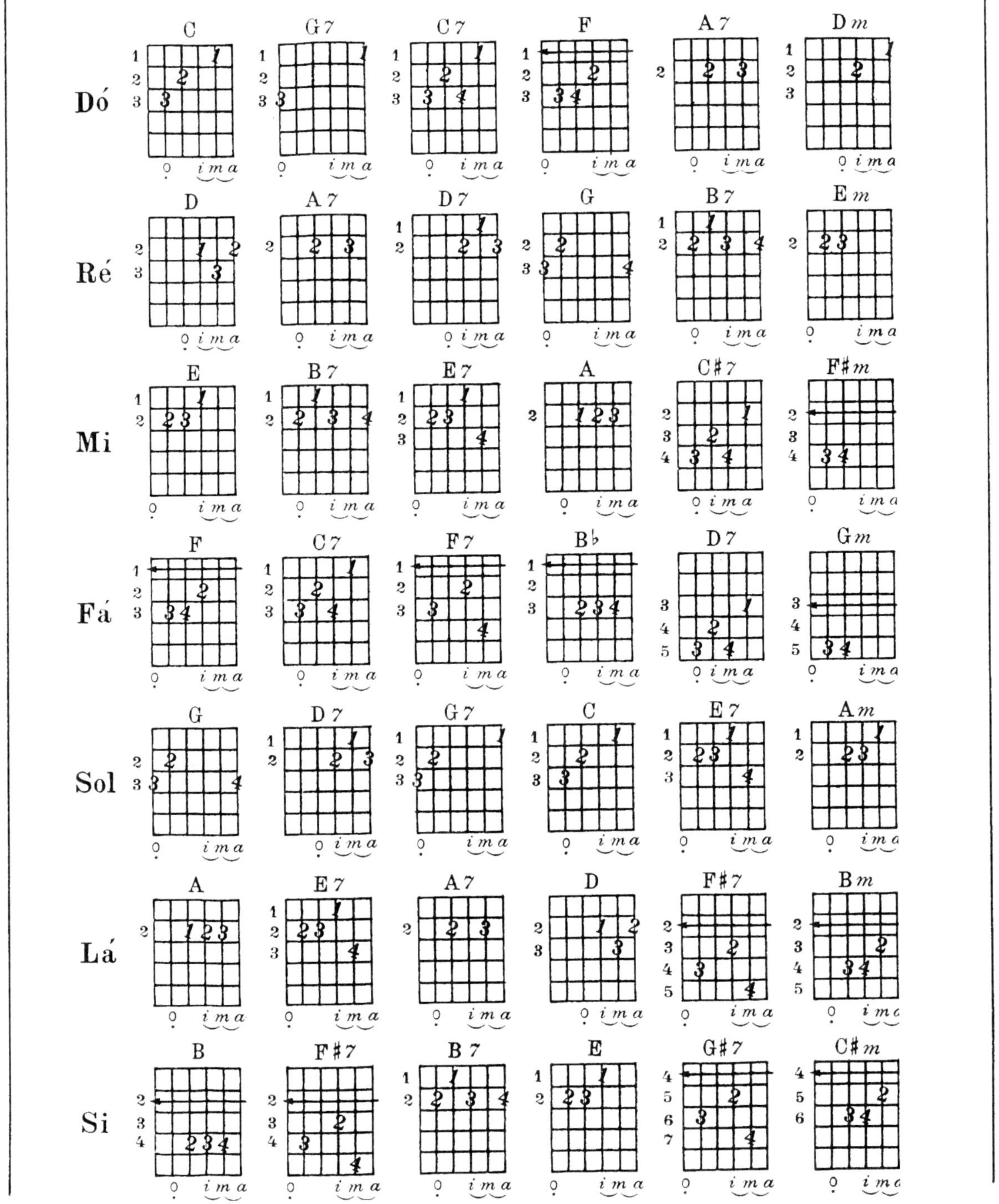

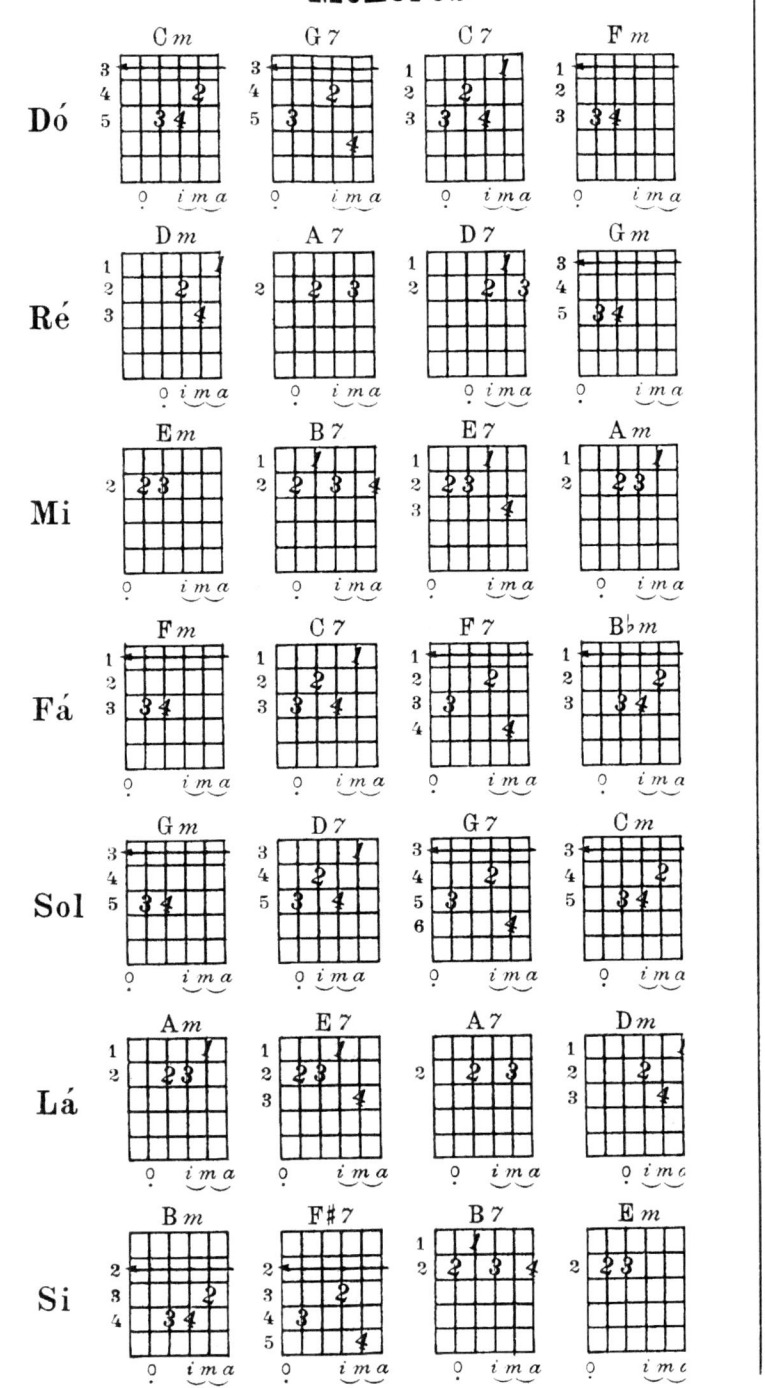

Menores

Relação de acordes dissonantes

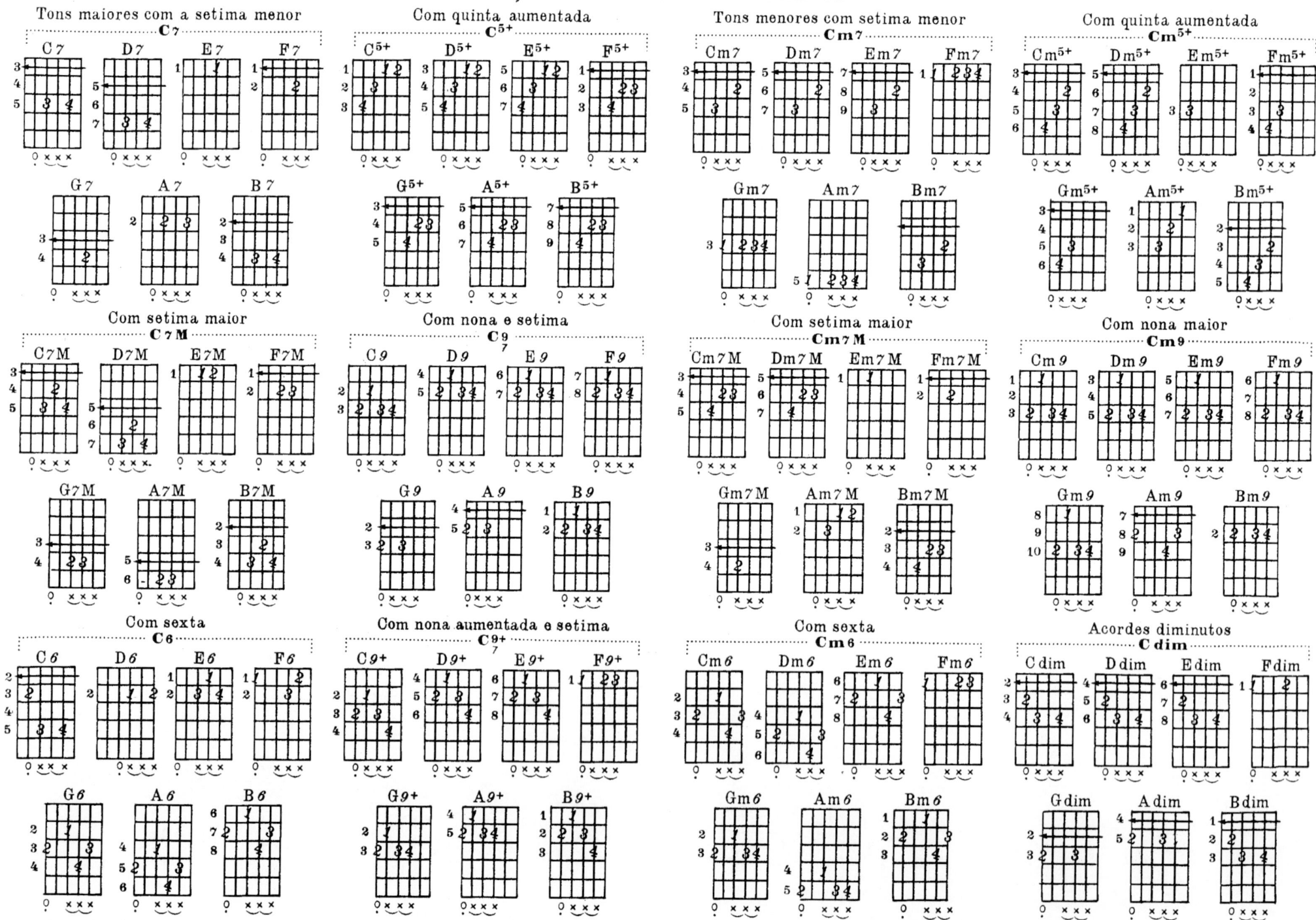

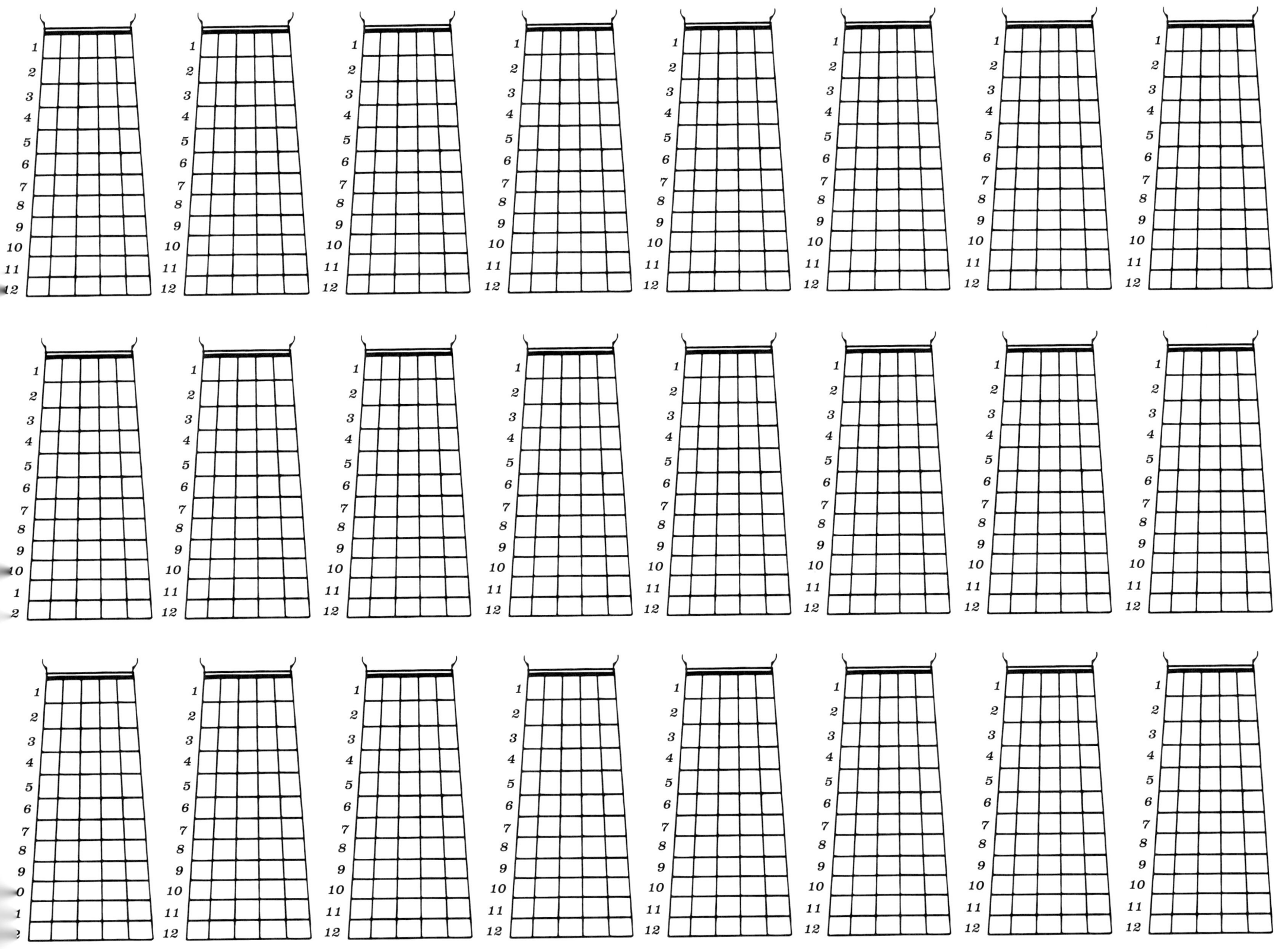

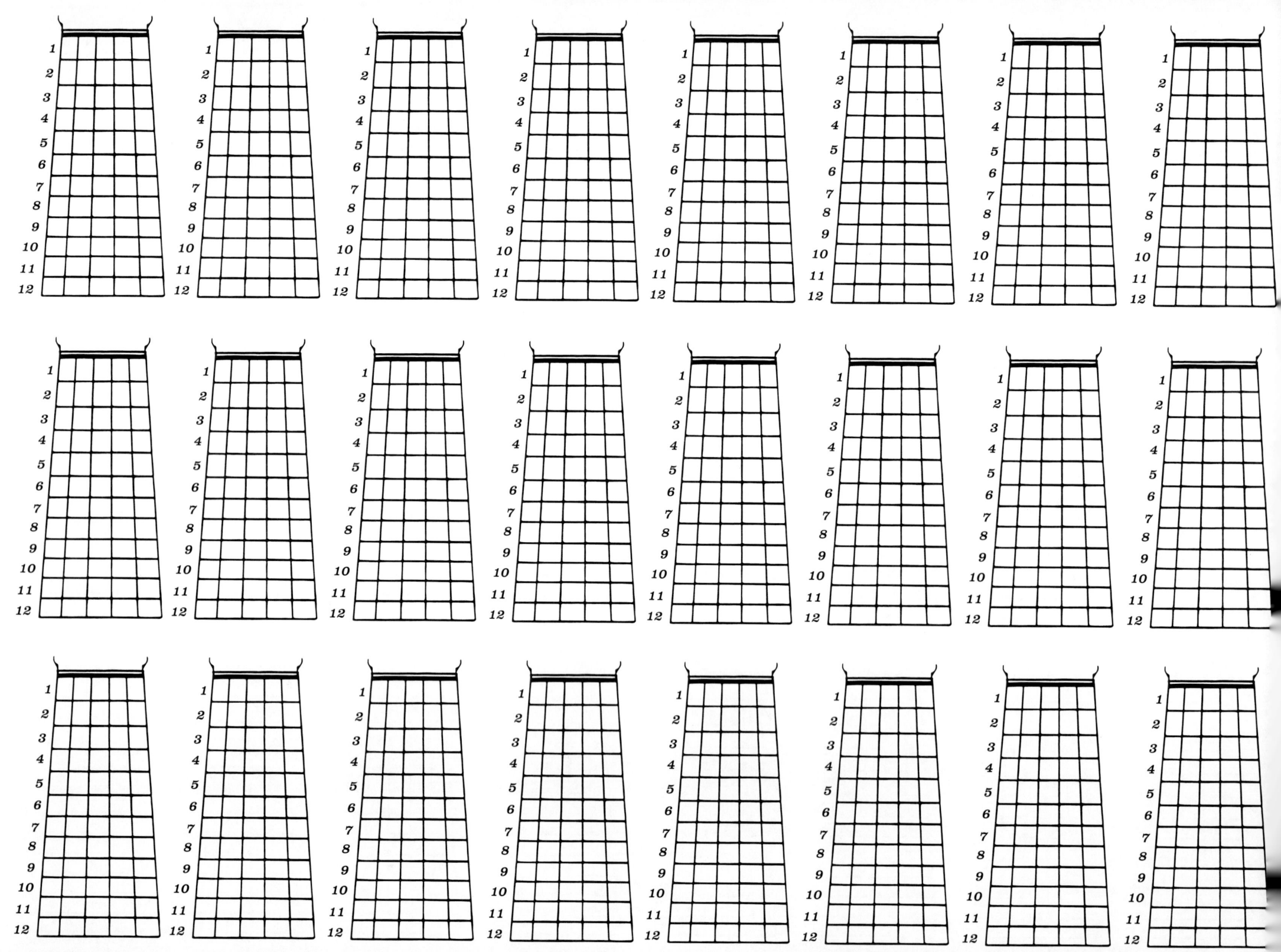

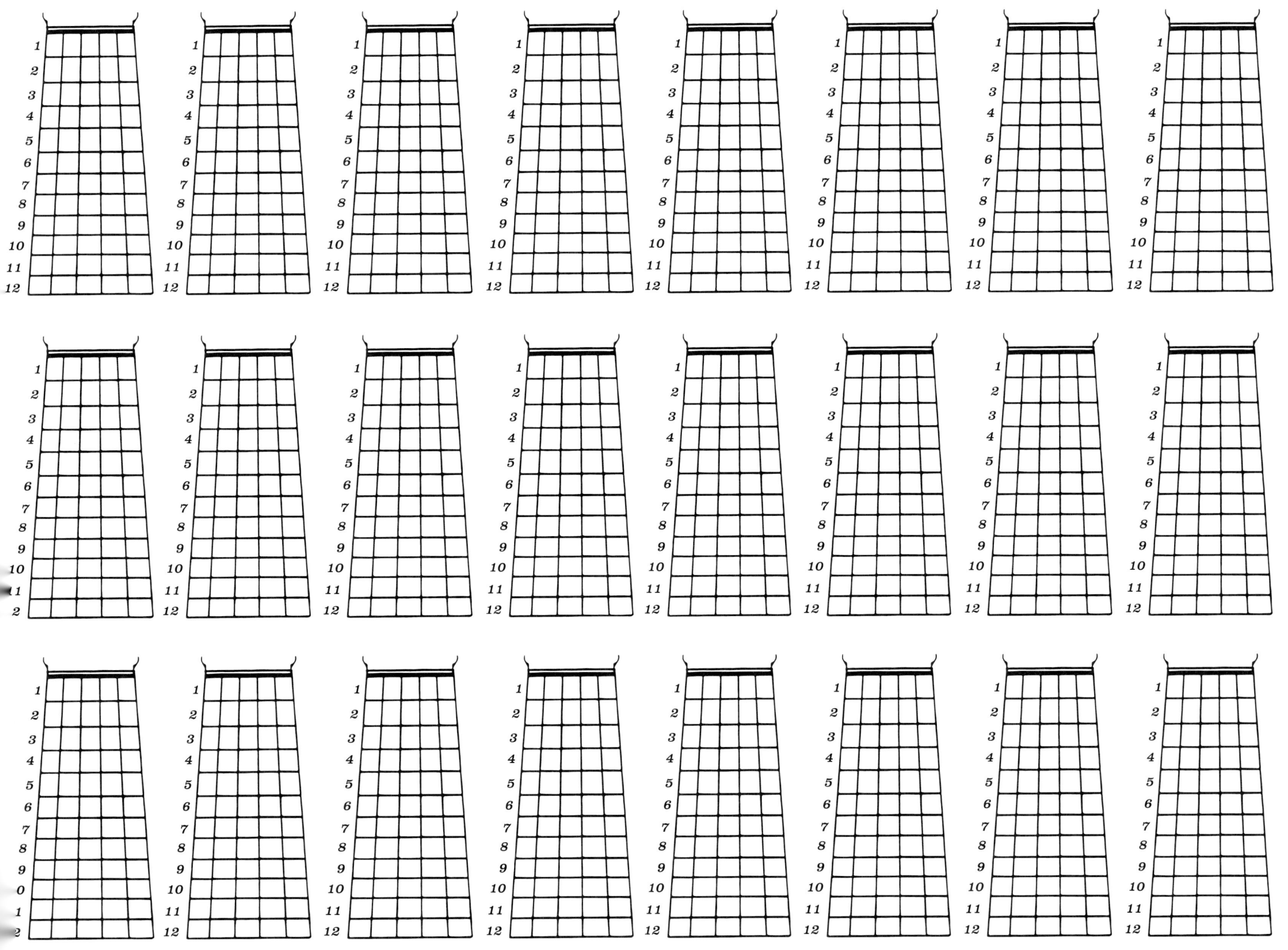

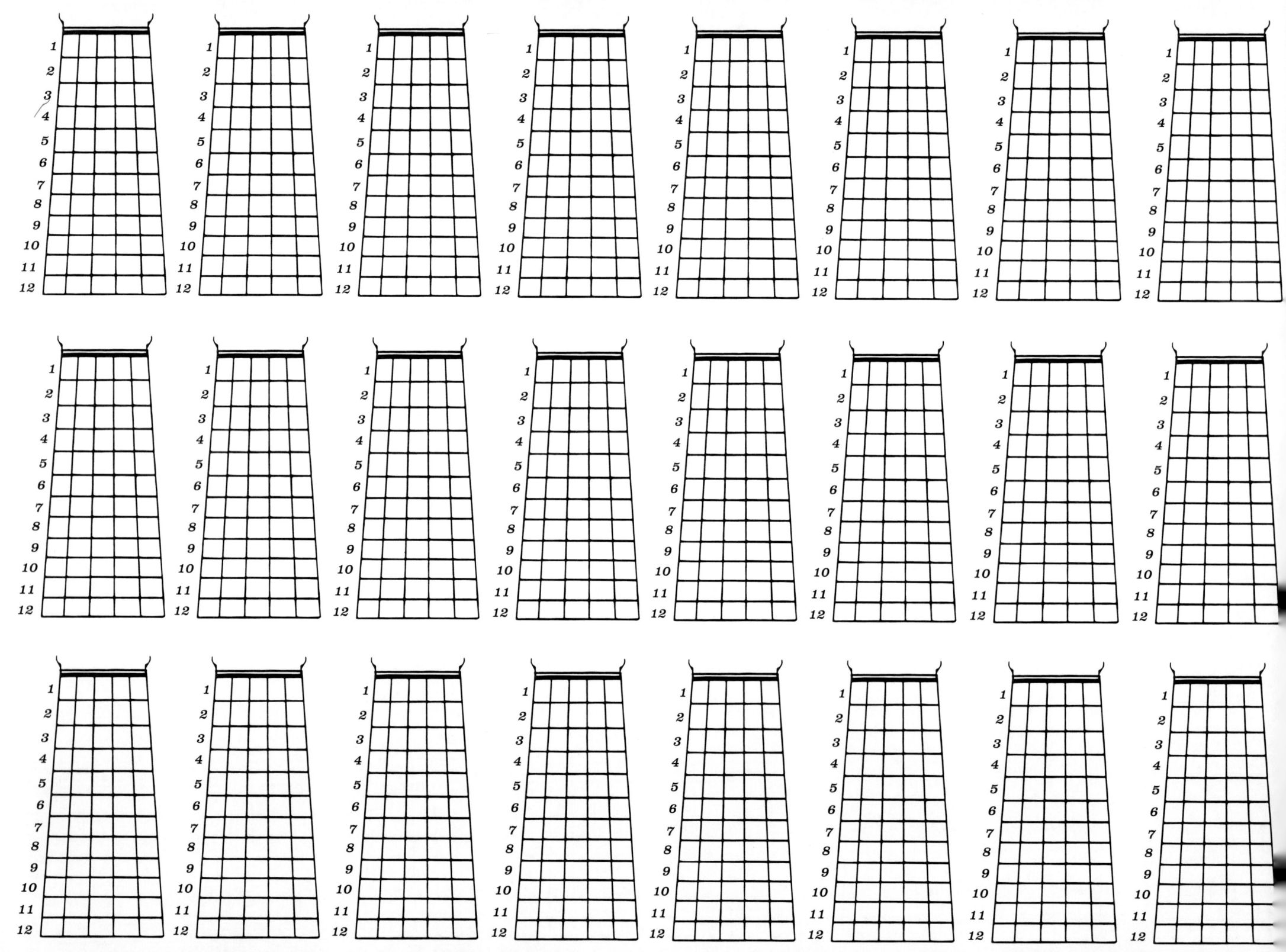

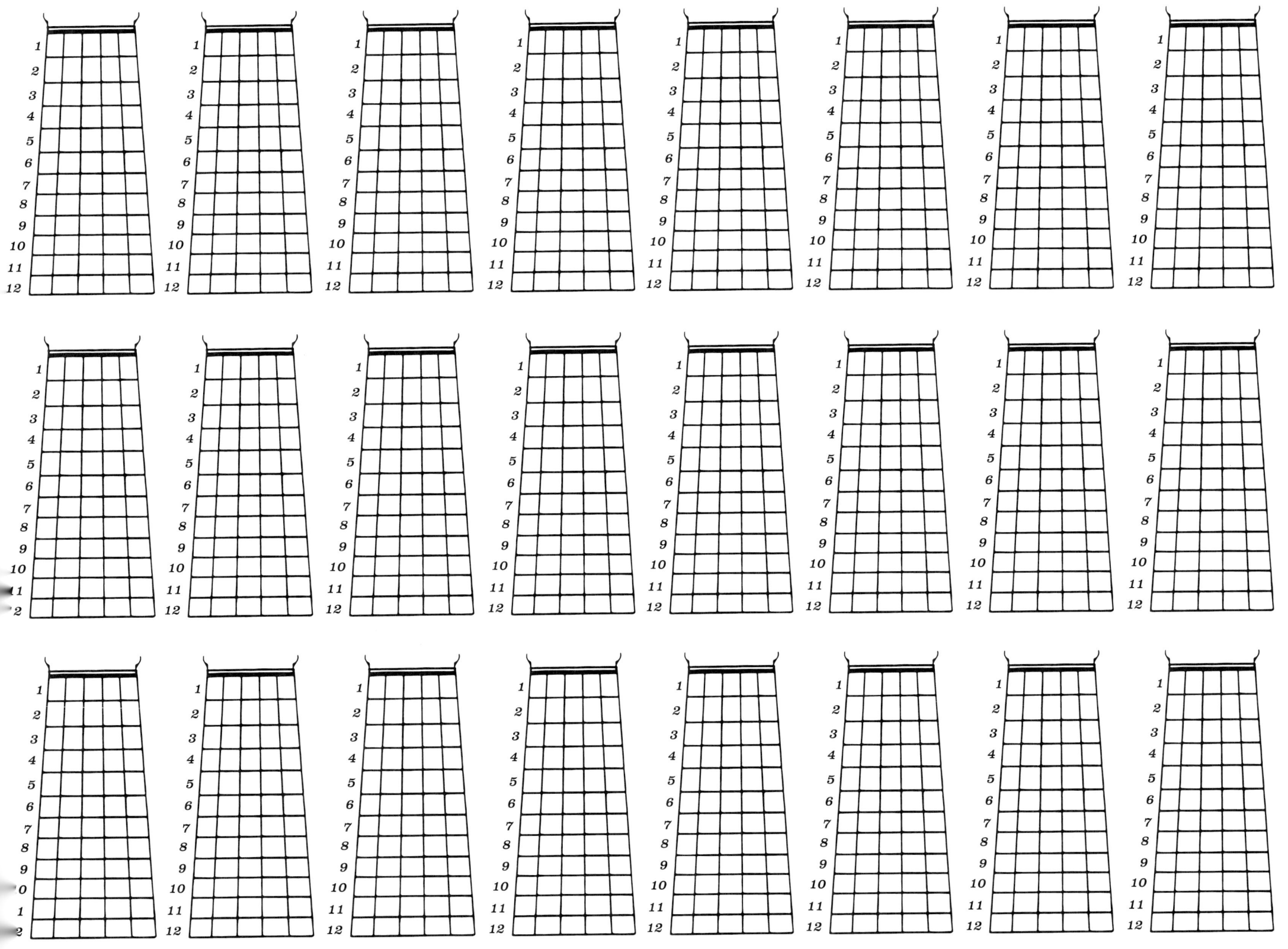

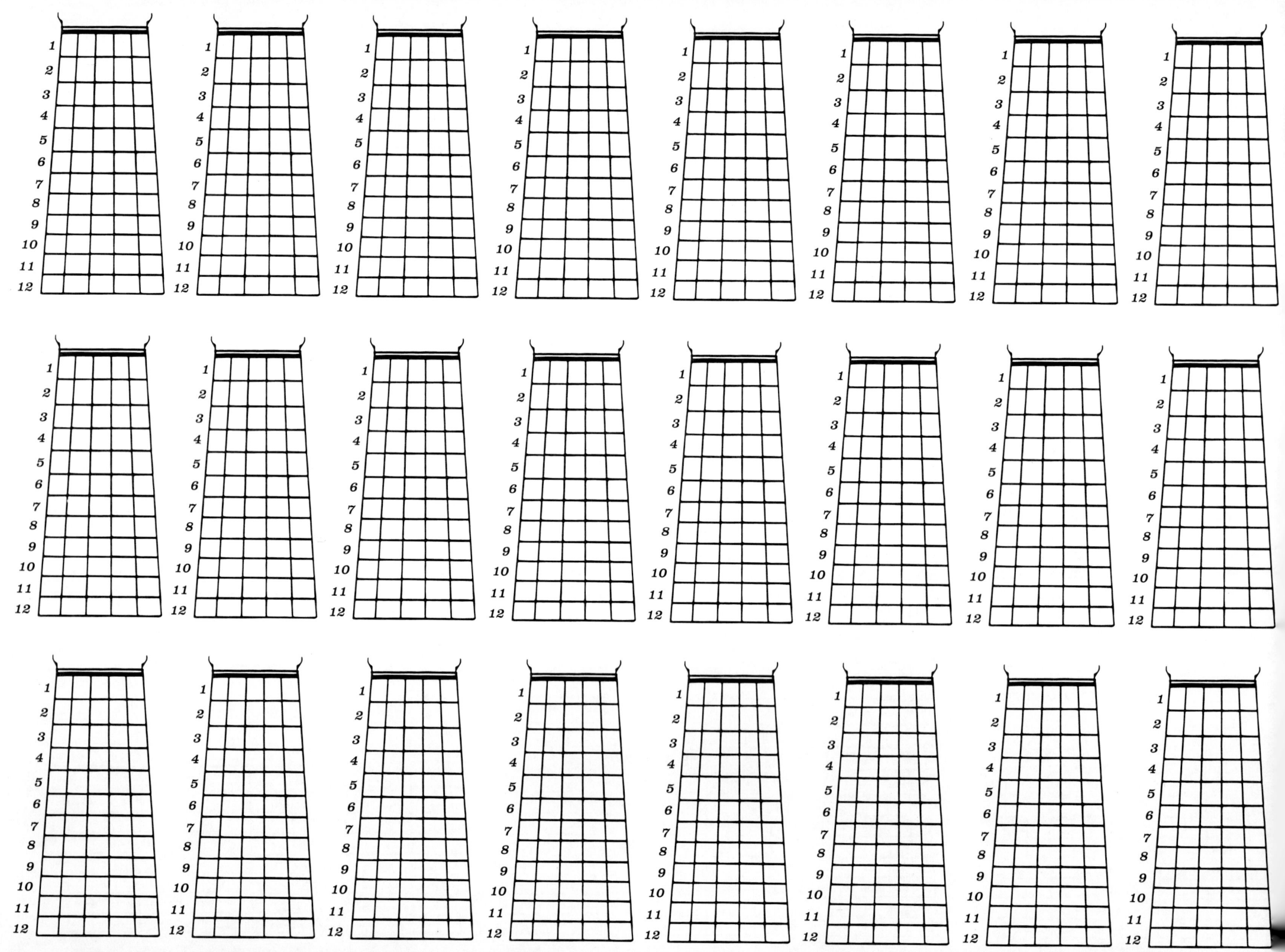

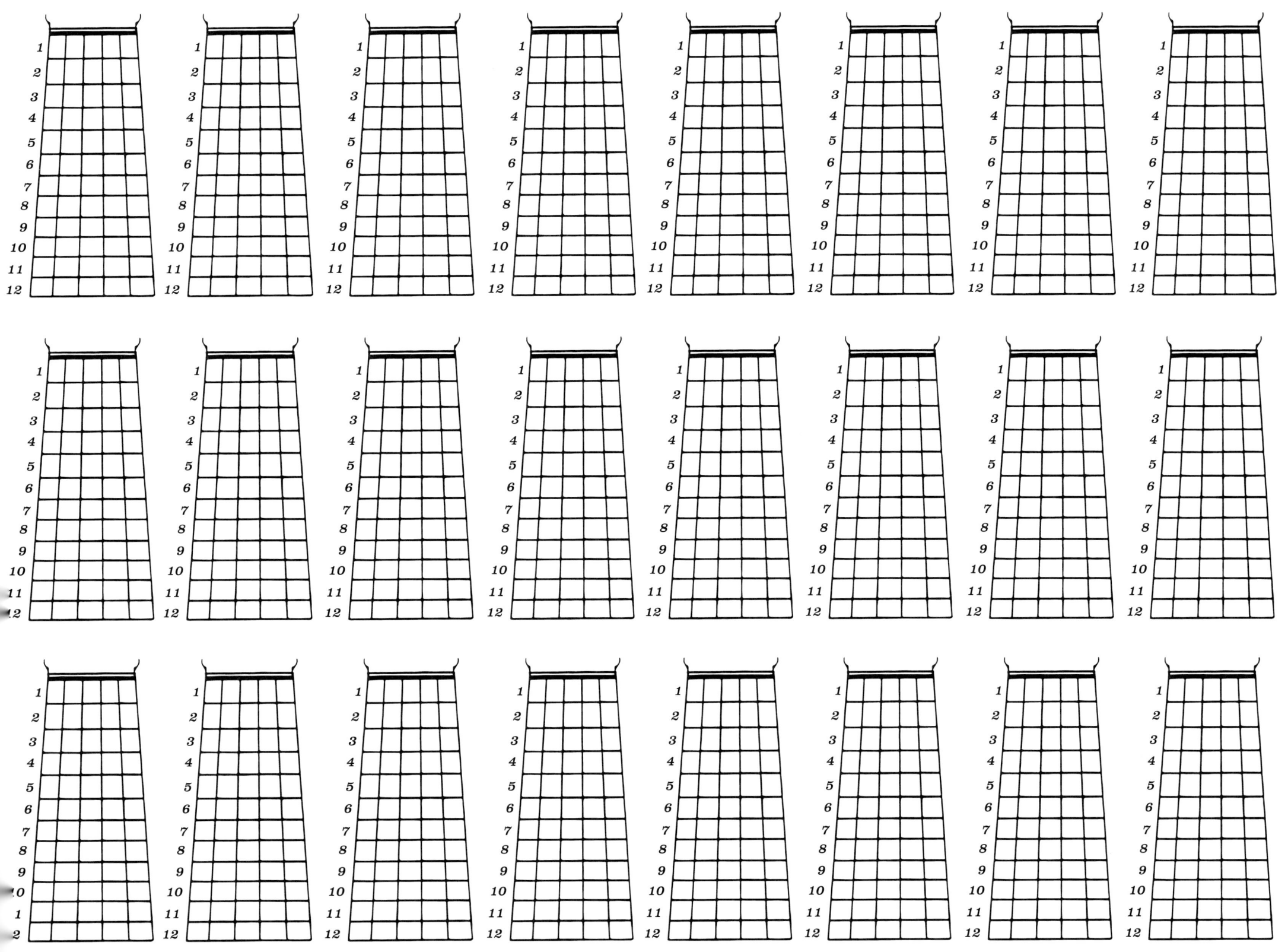

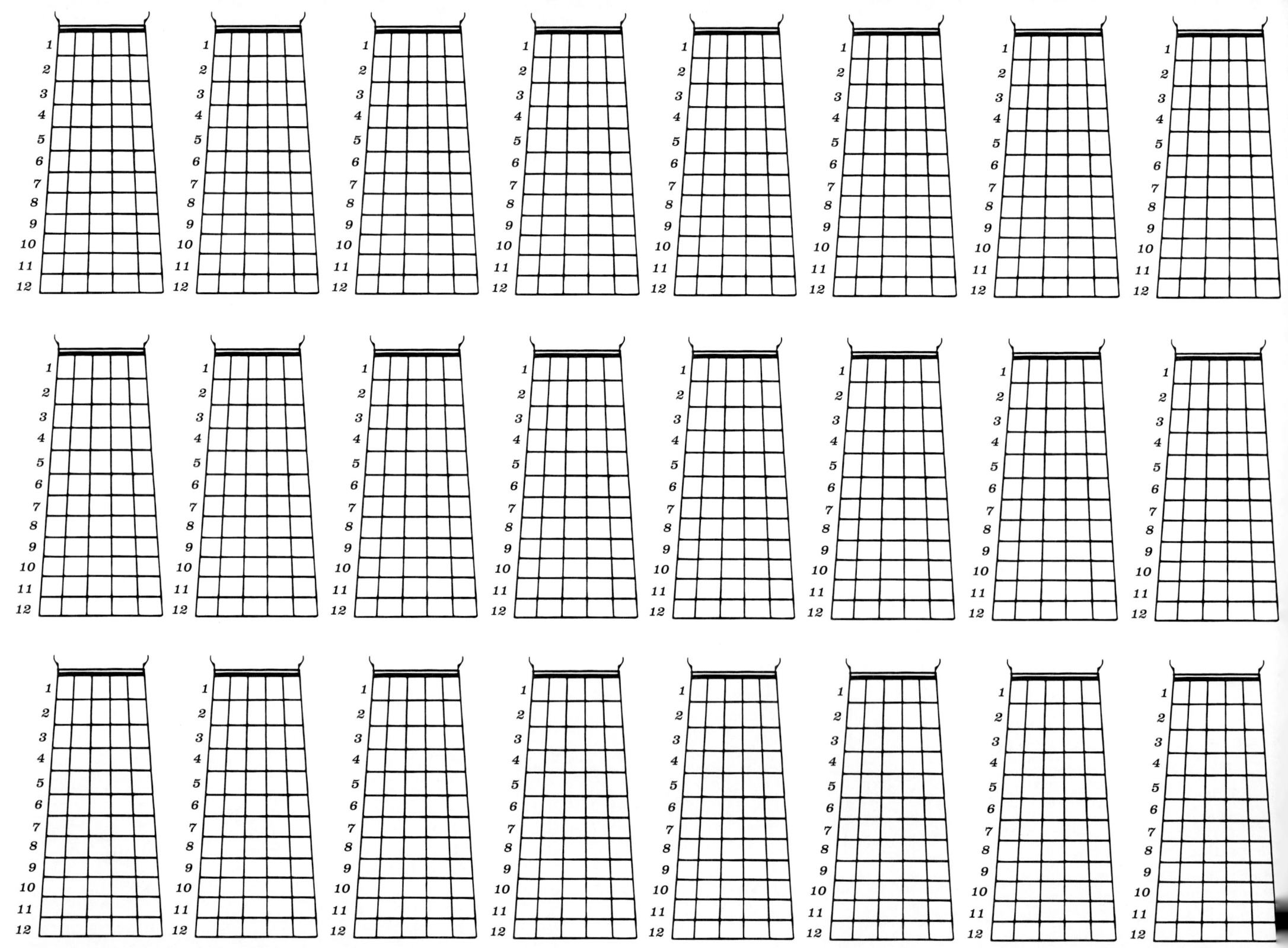

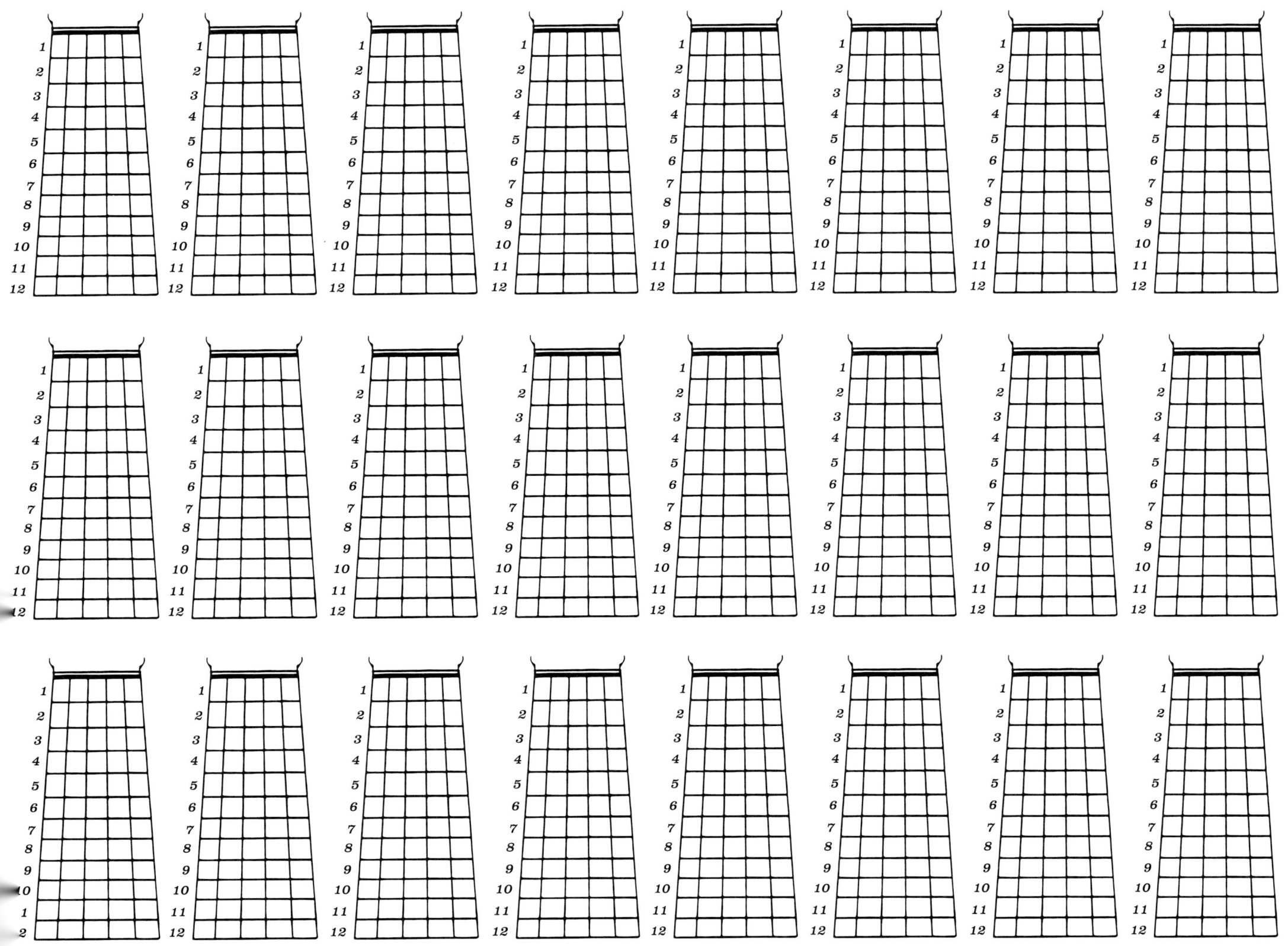

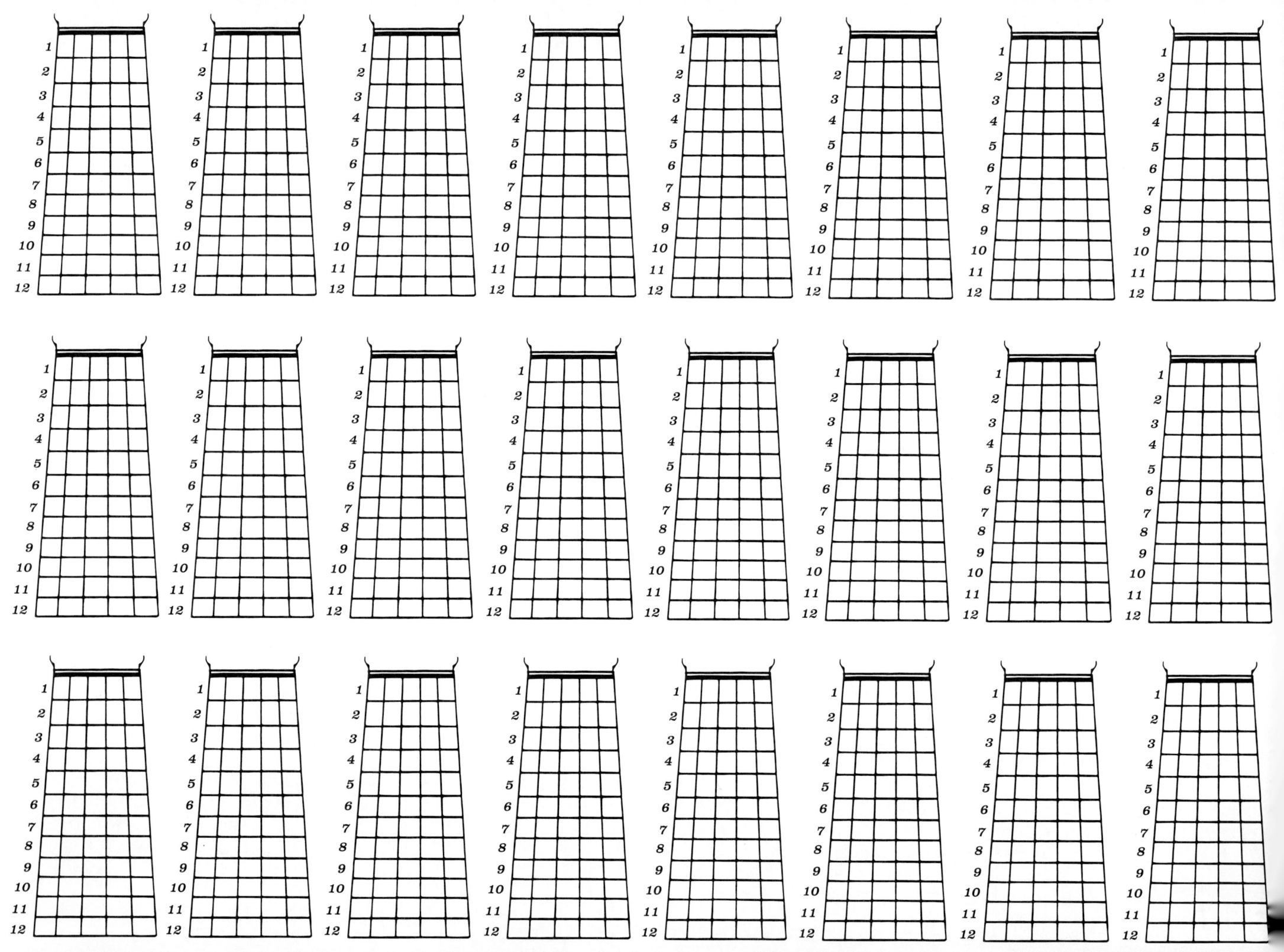

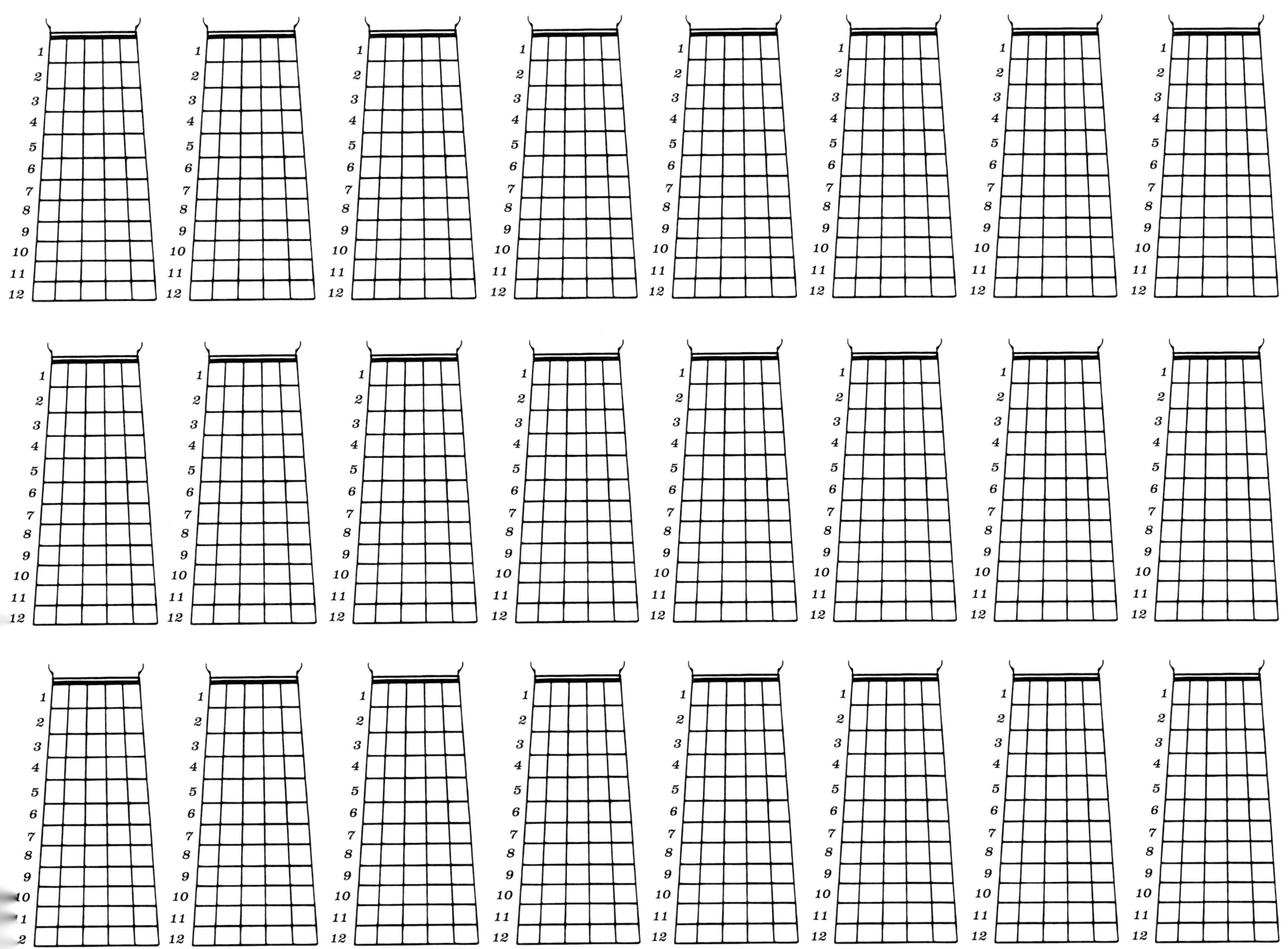

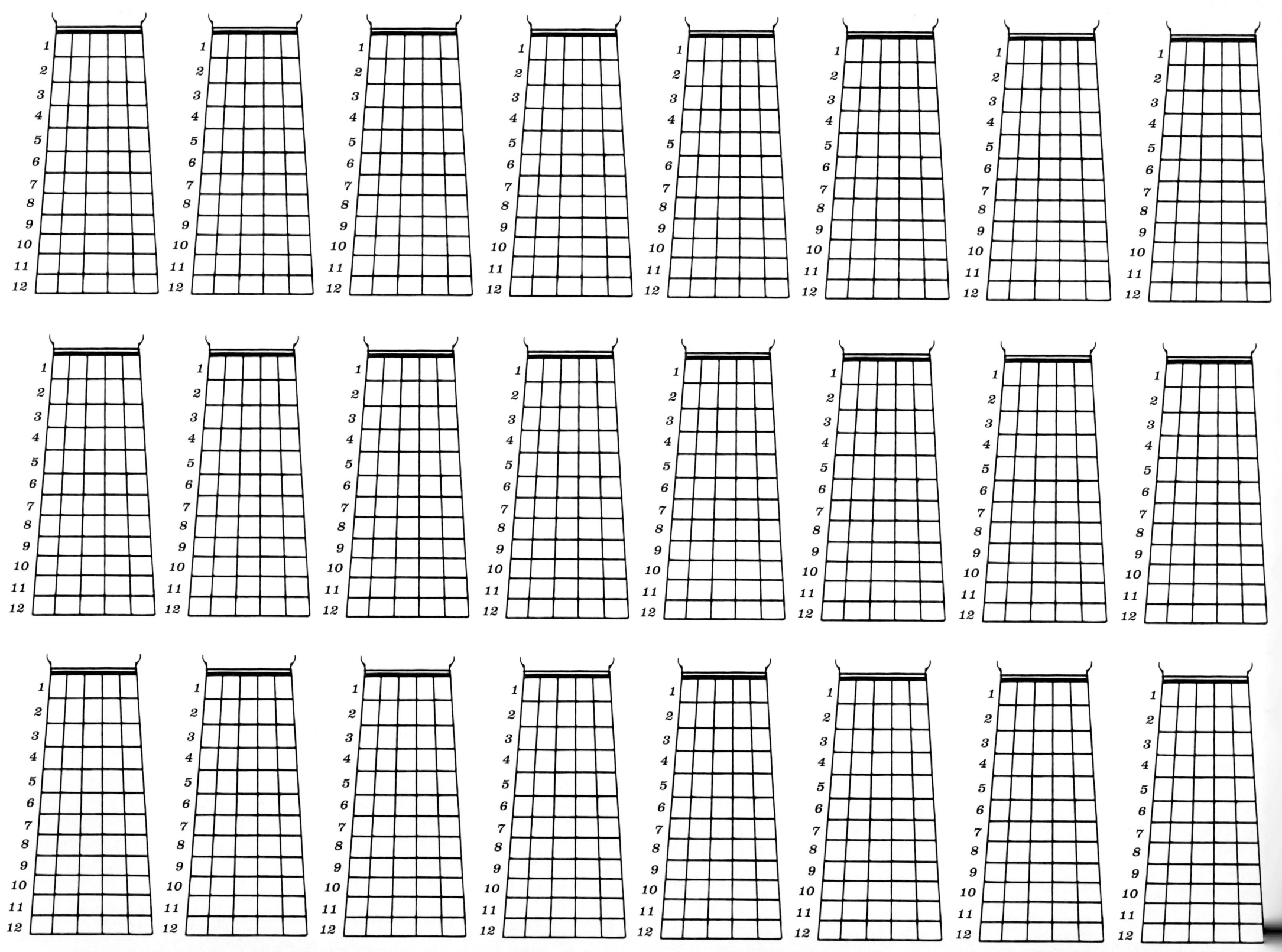

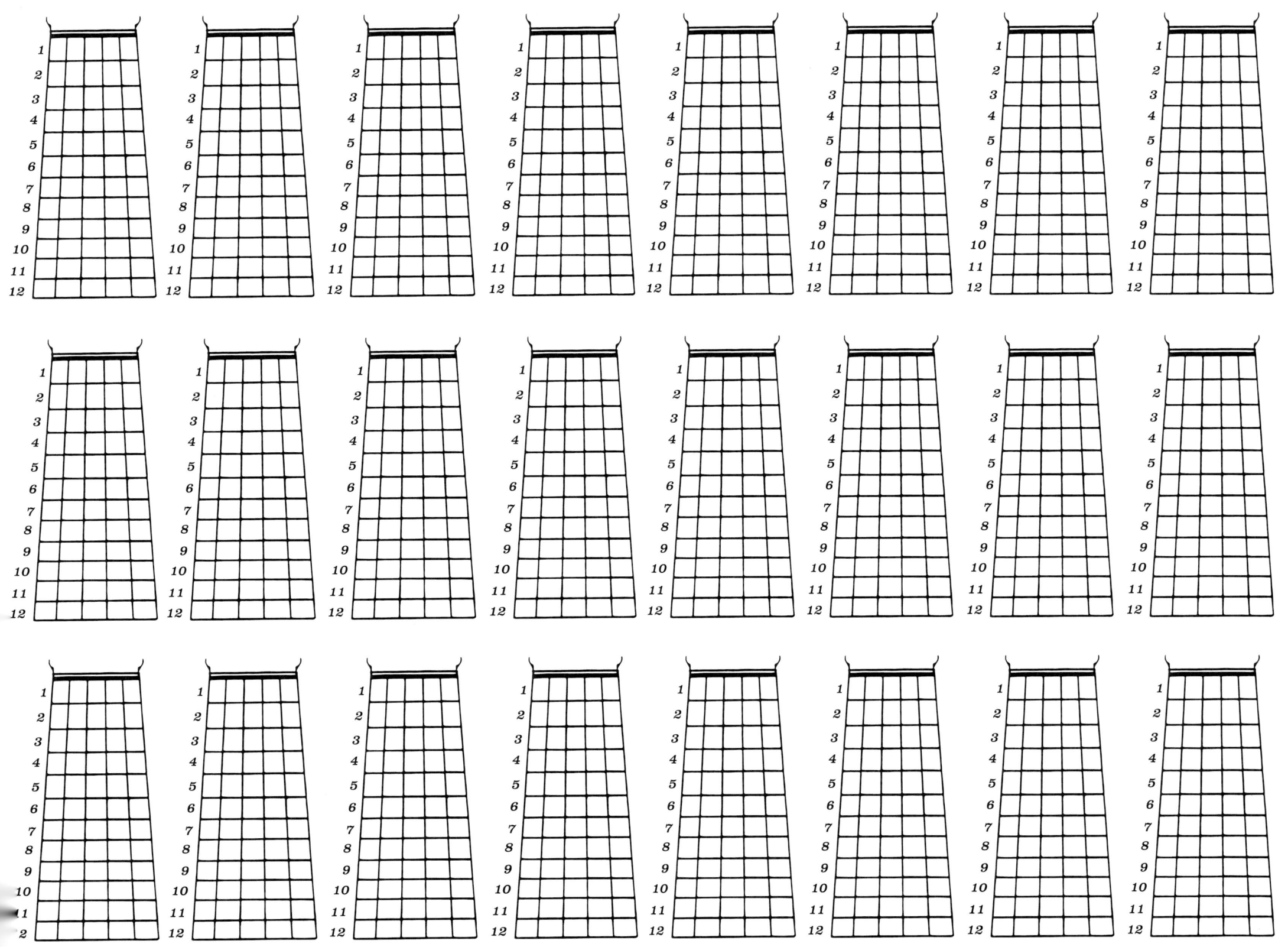

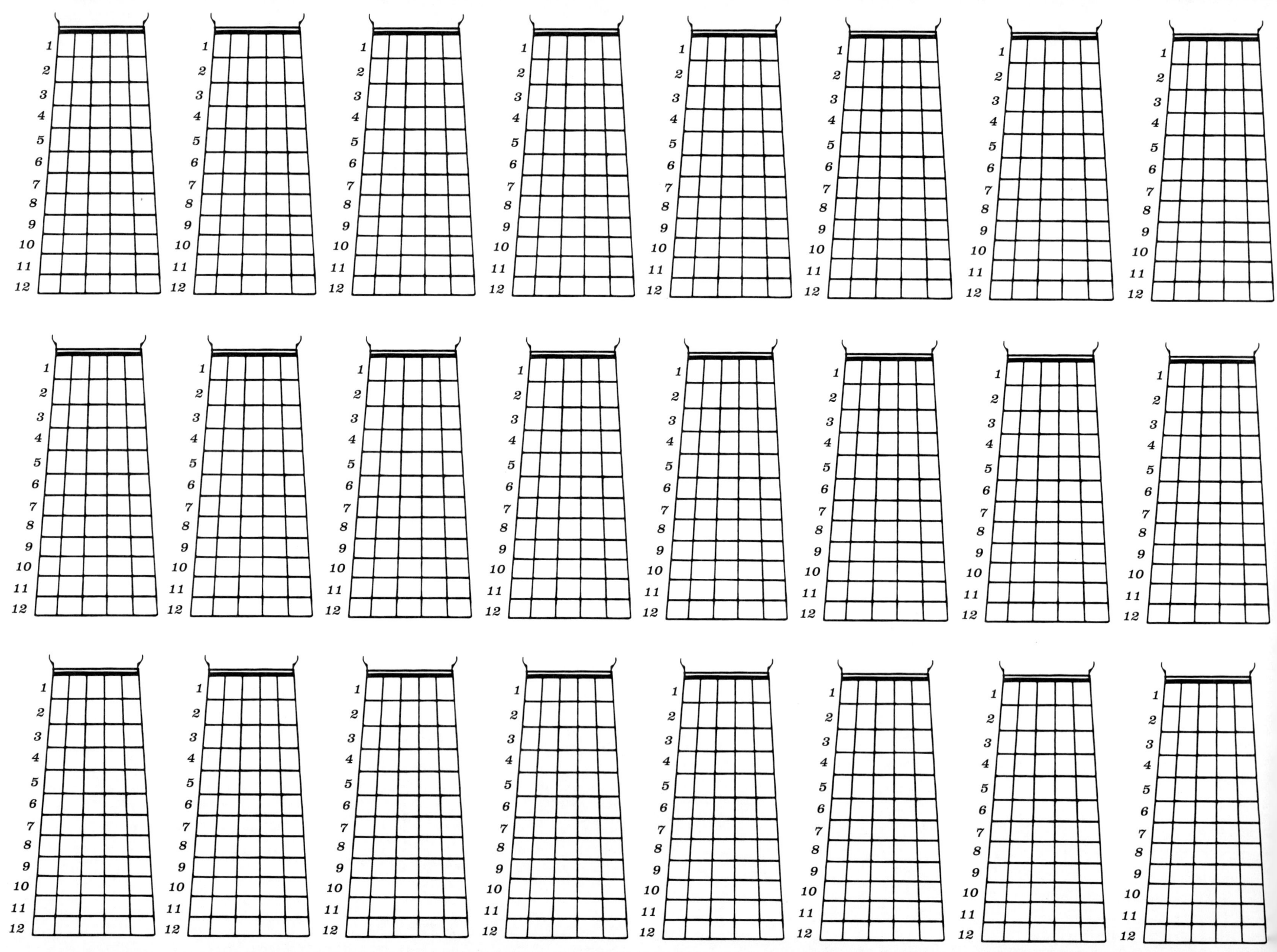

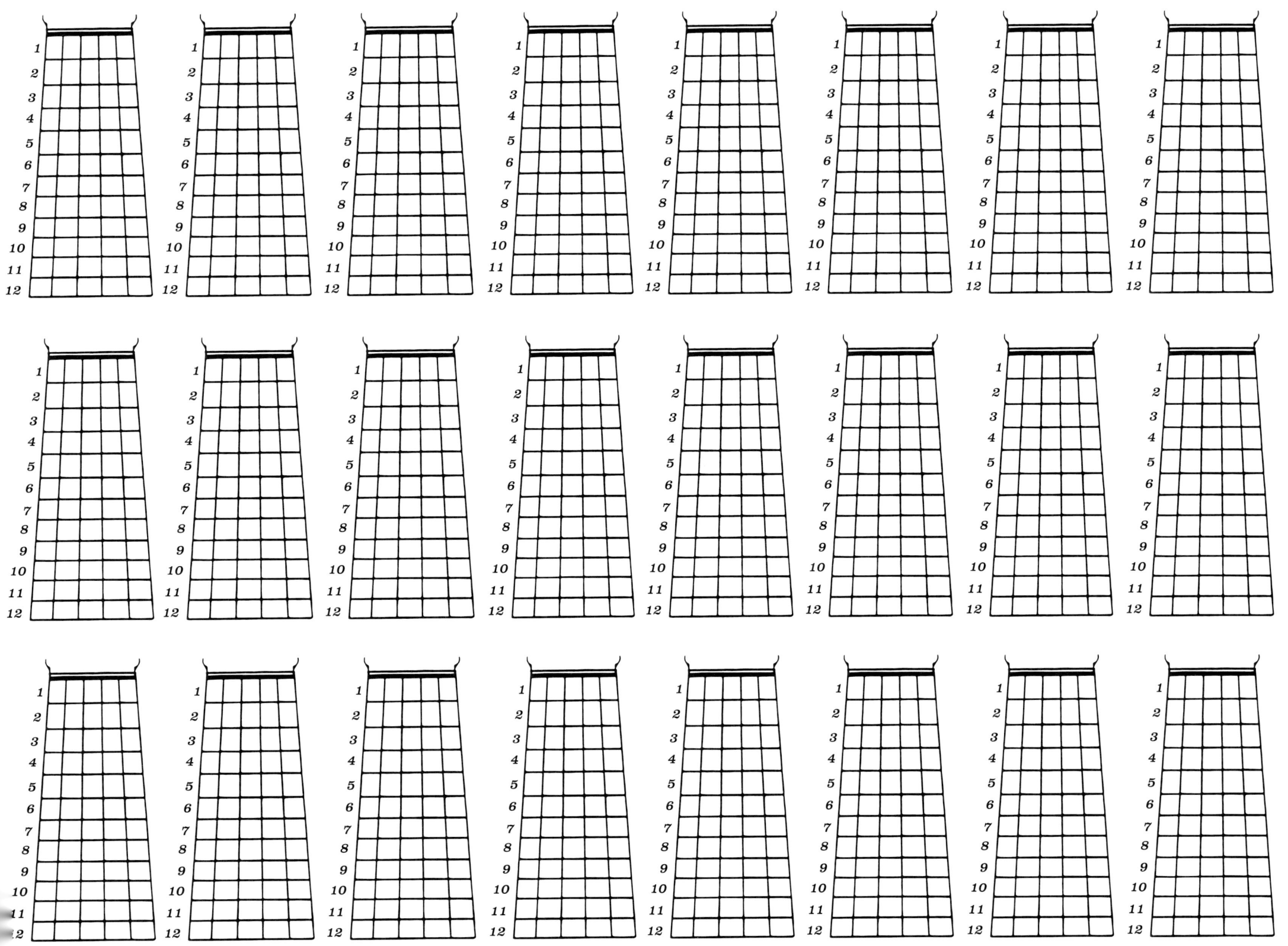

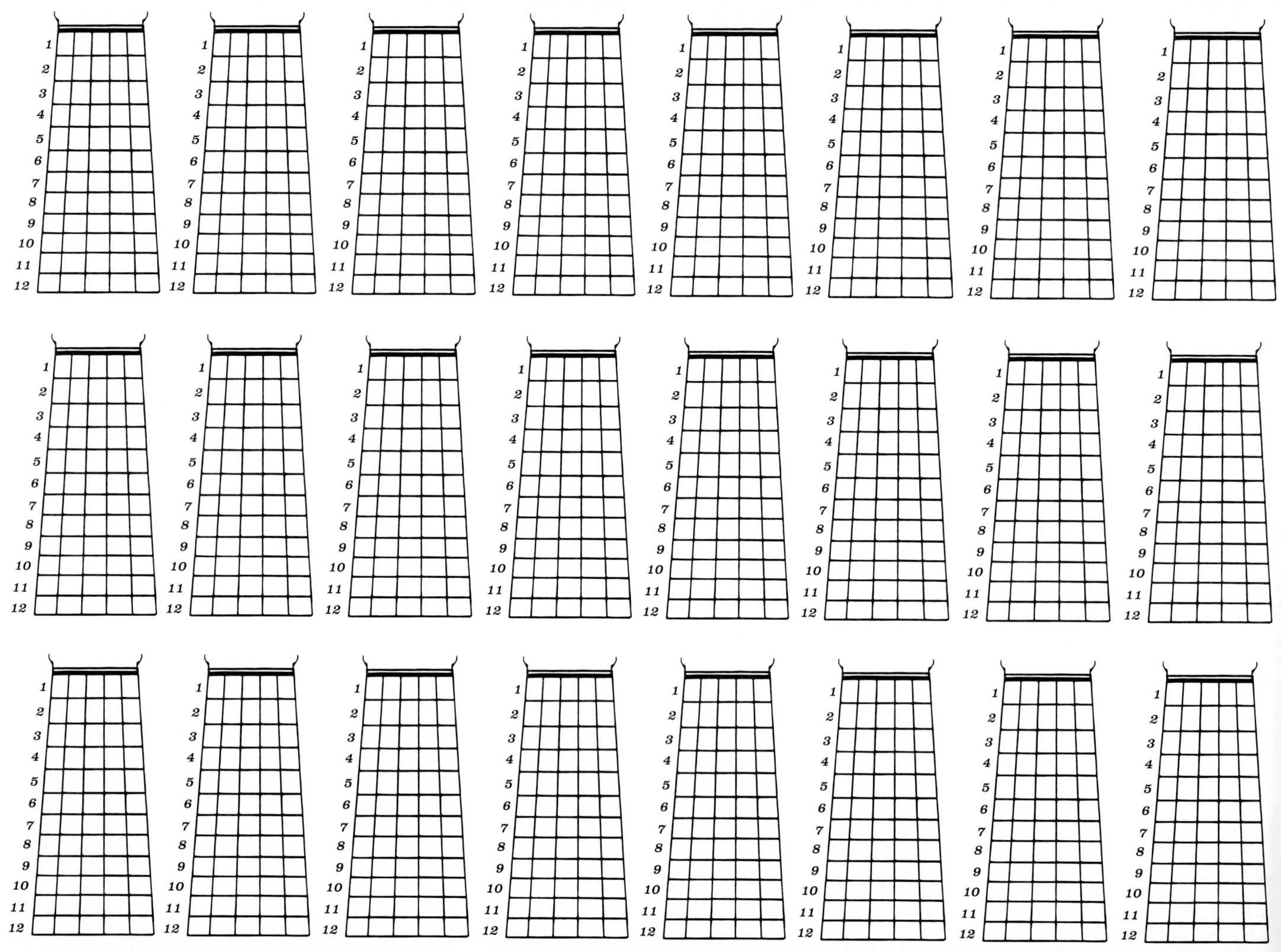

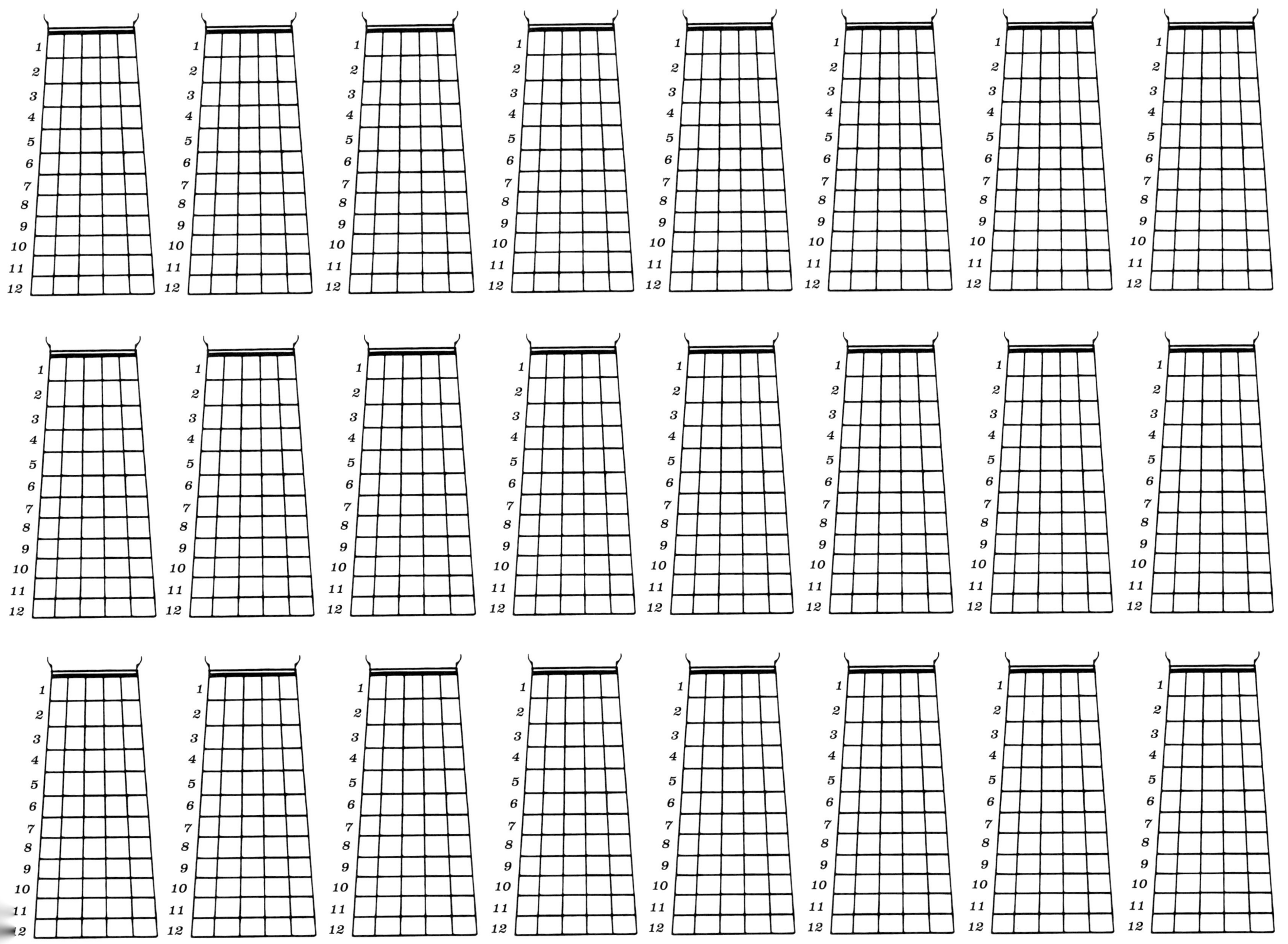

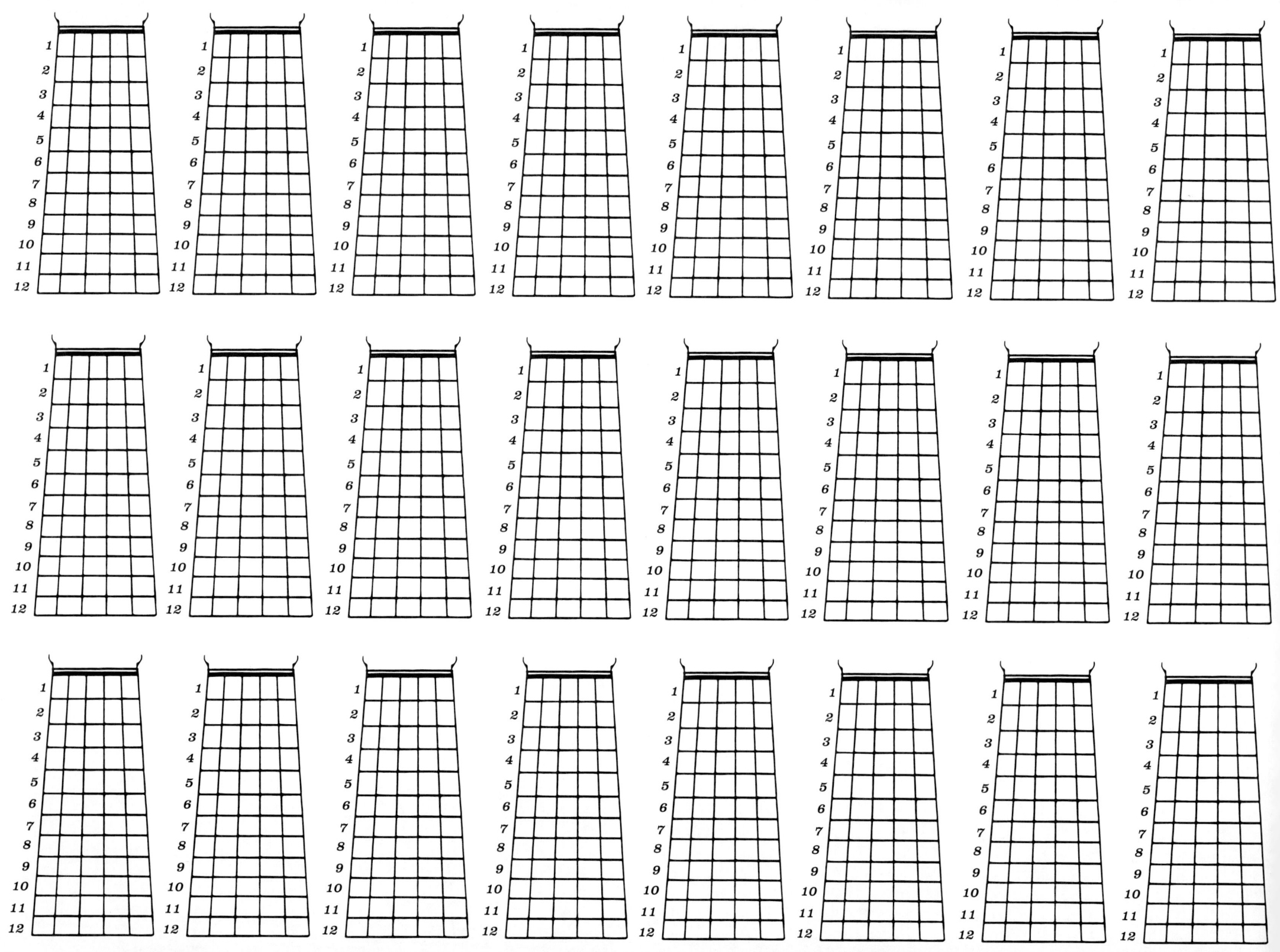

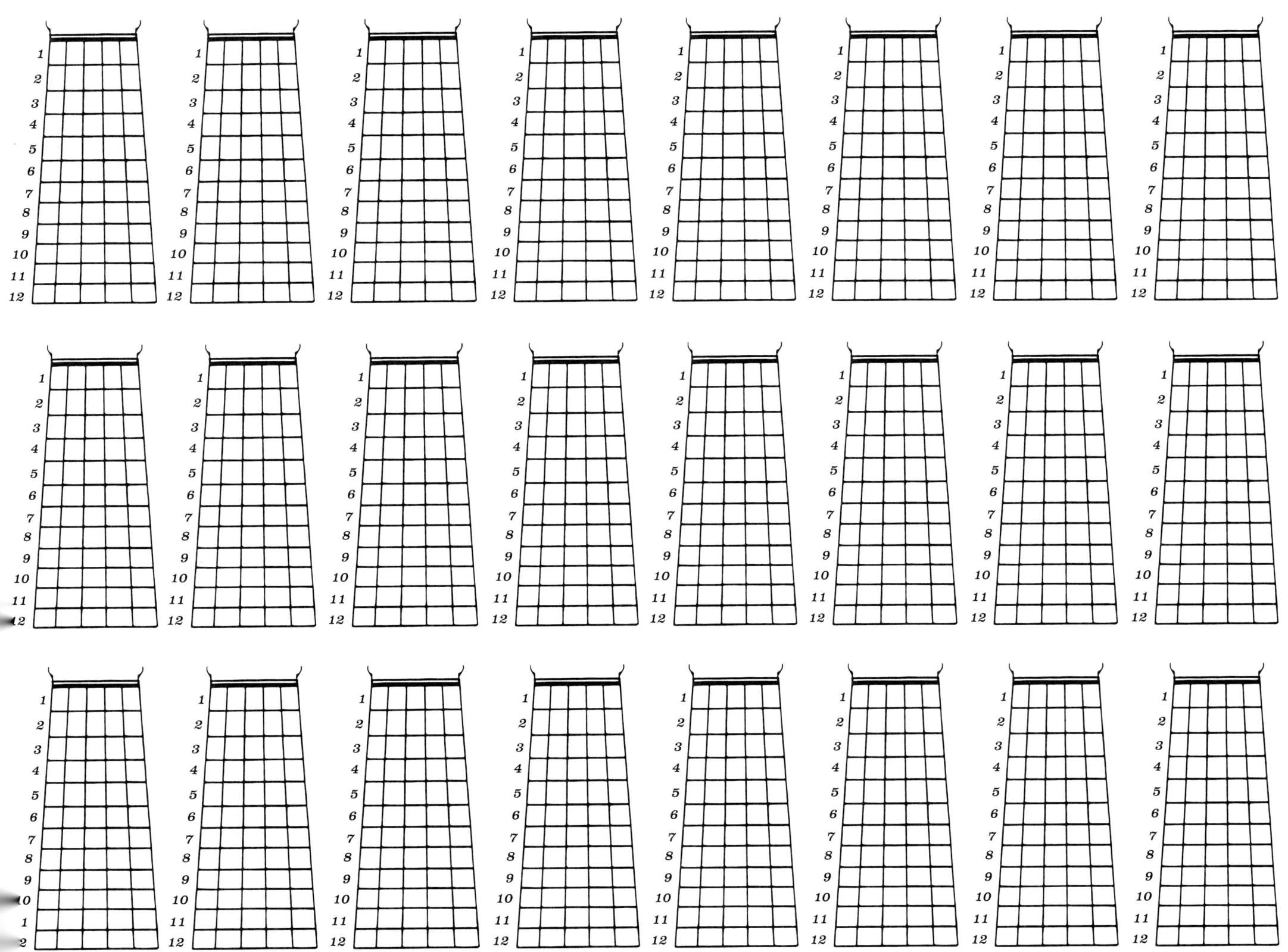

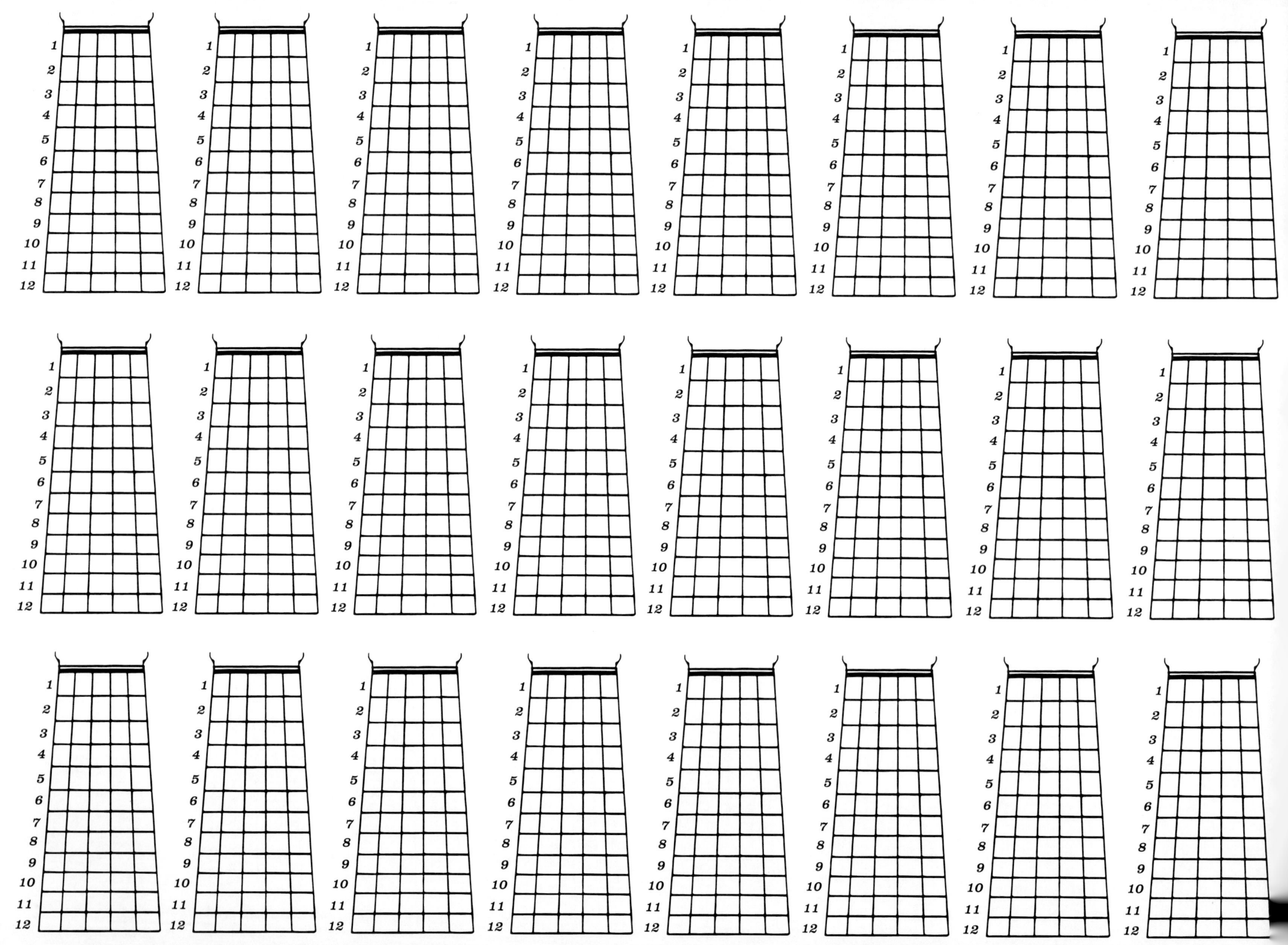

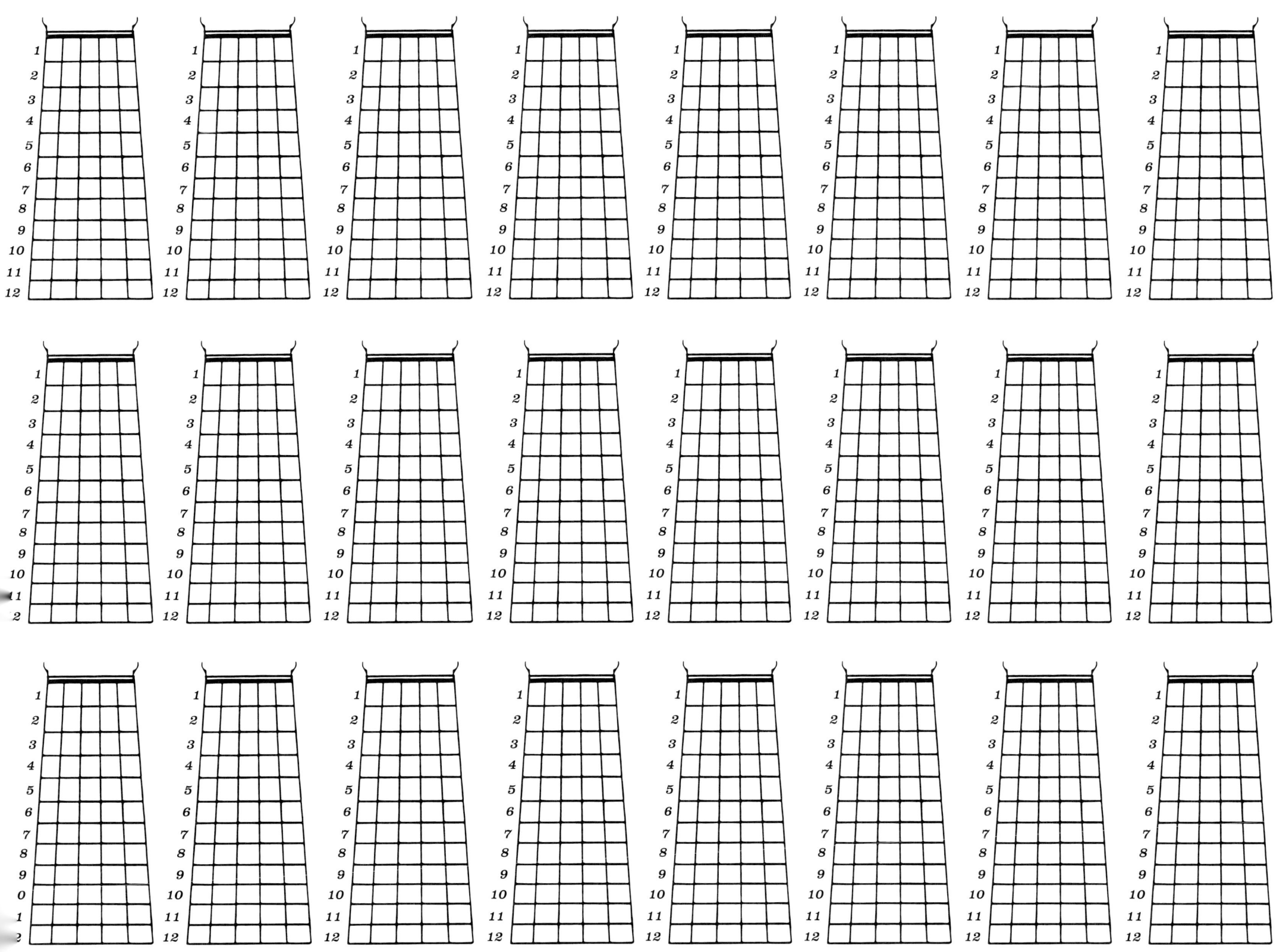

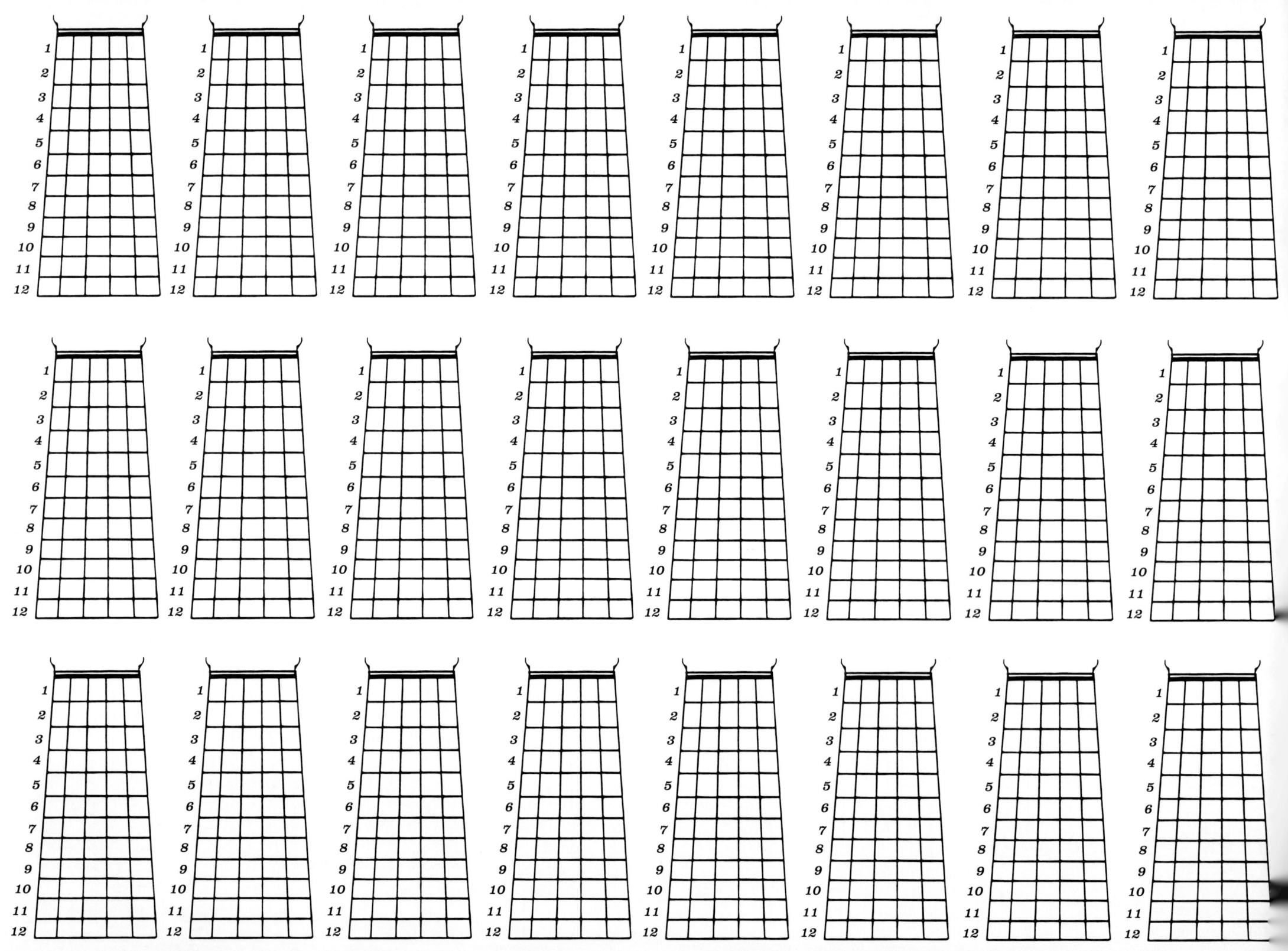

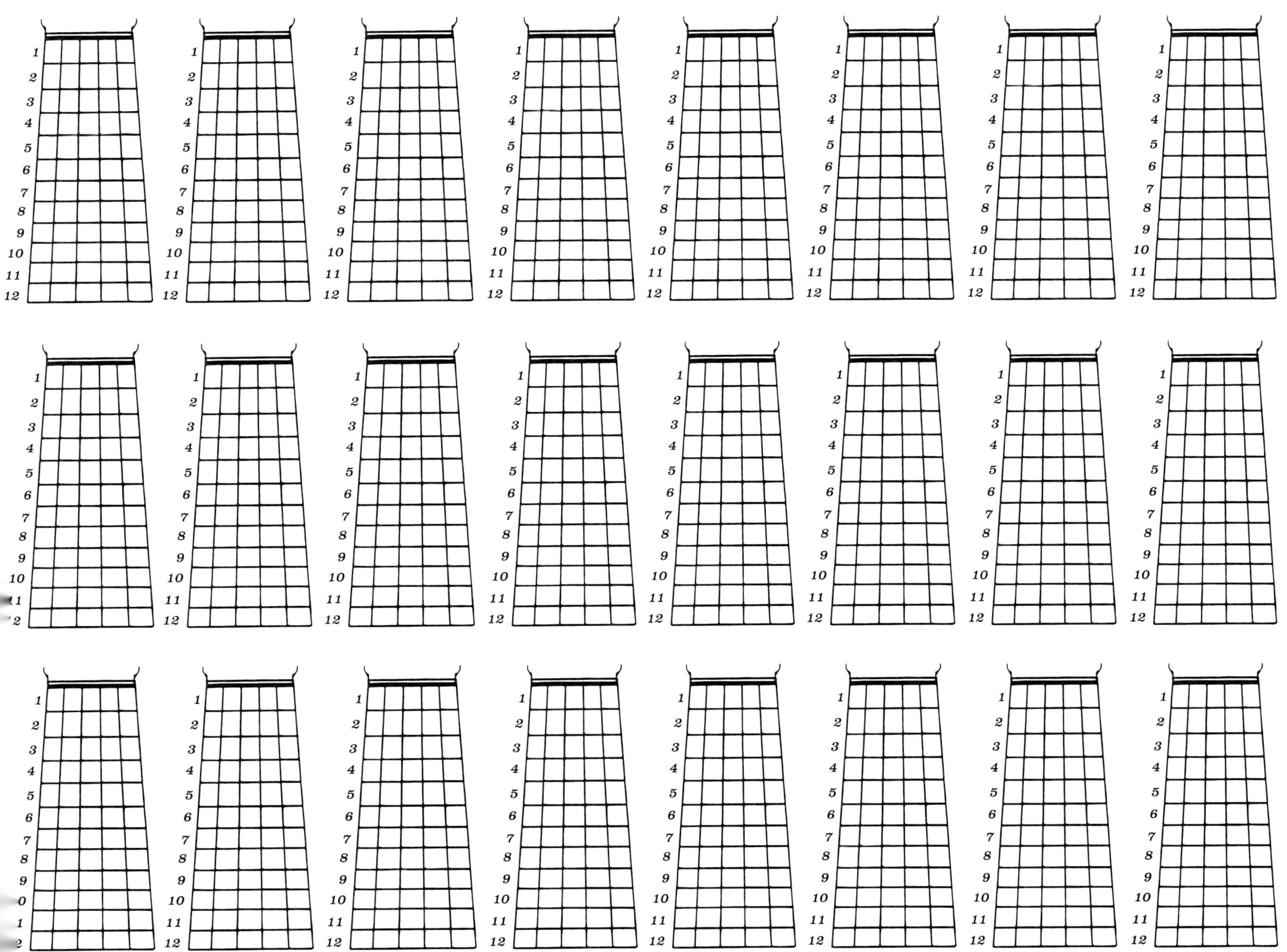

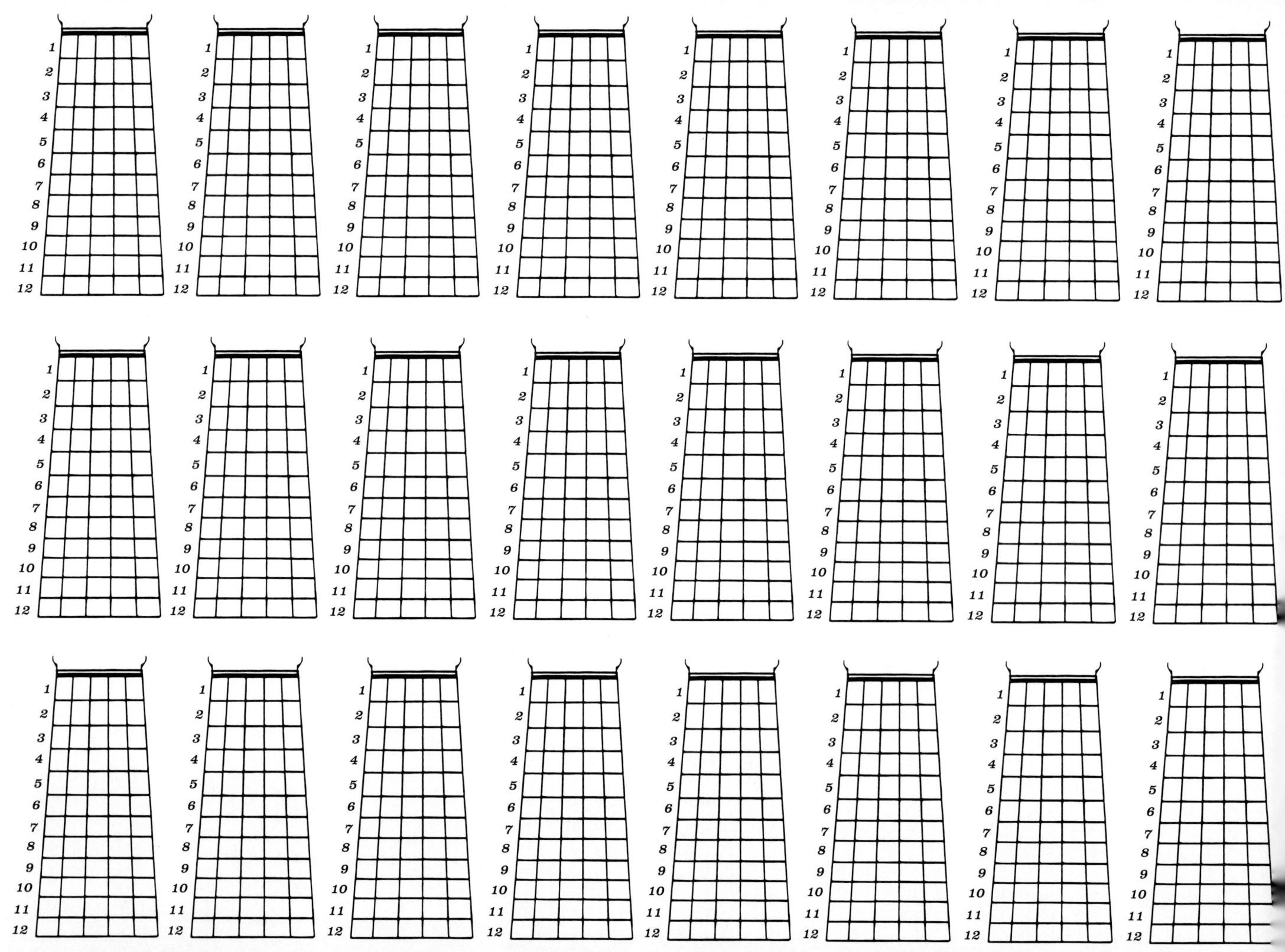

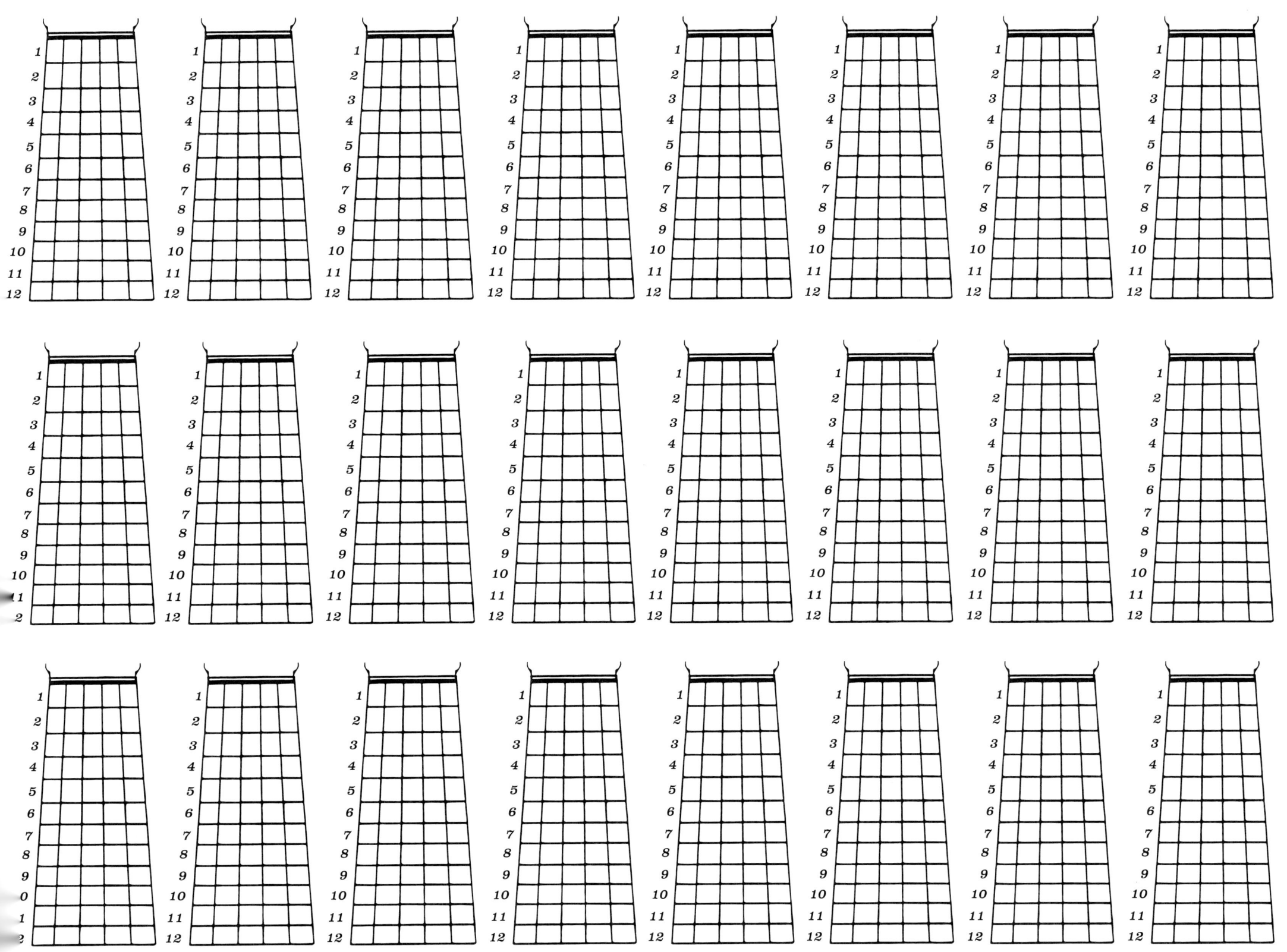

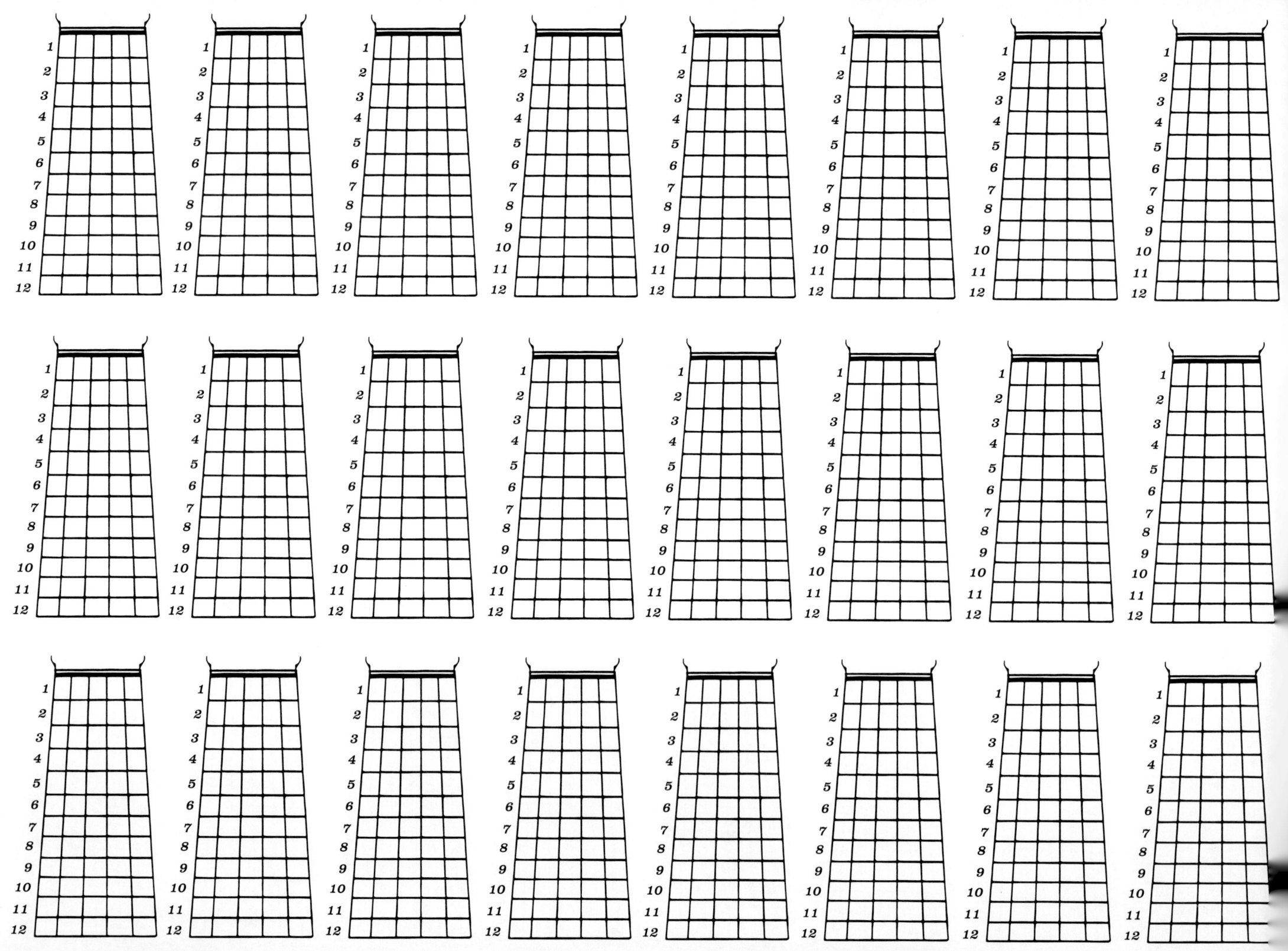

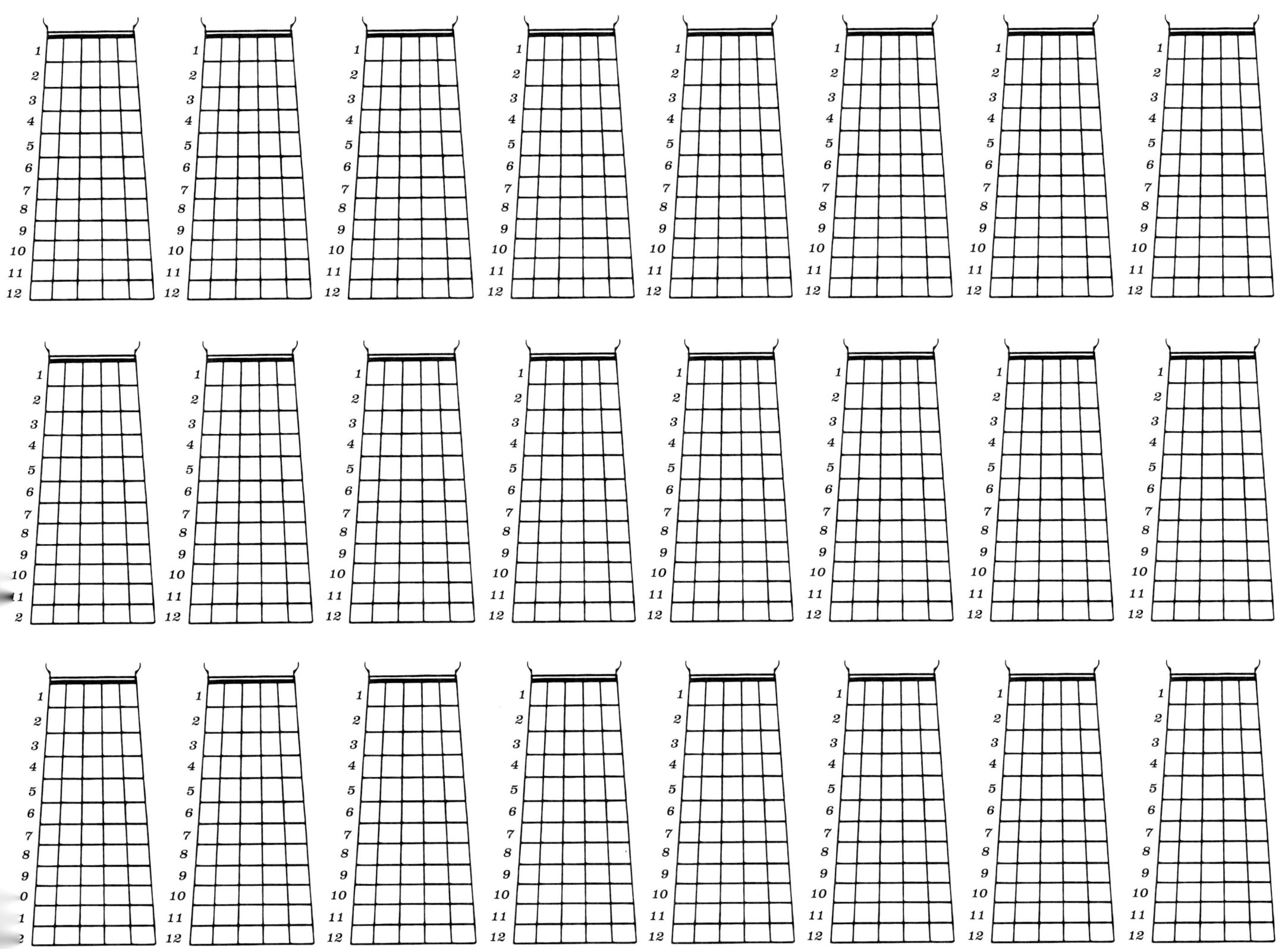

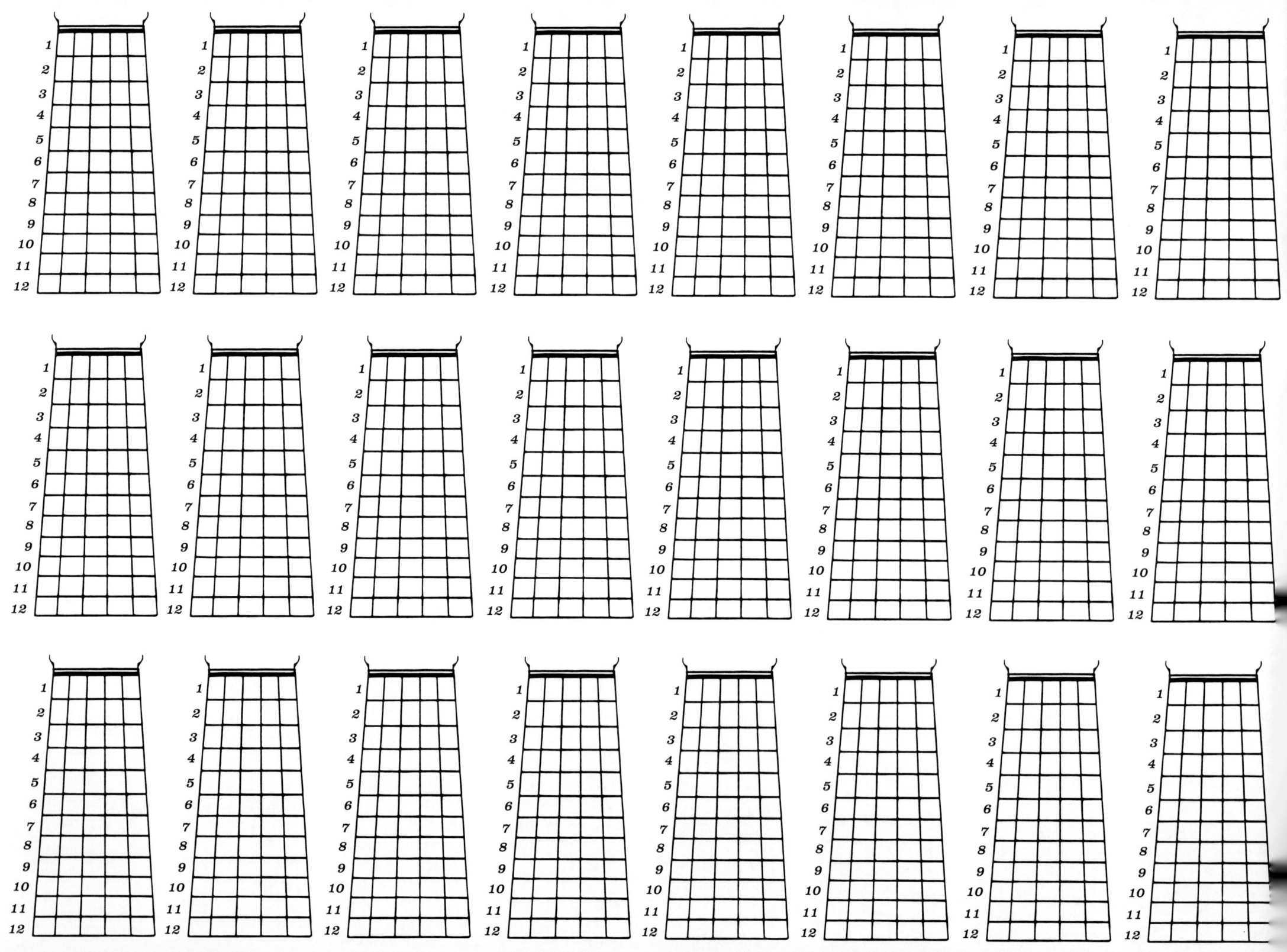

Dados Internacionais de Catalogação na Publicação (CIP)
(Câmara Brasileira do Livro, SP, Brasil)

Pedagogia do violão : contém estudo básico do cifrado e acordes dissonantes. — São Paulo : Irmãos Vitale

1. Violão - Estudo e ensino   I. Título

ISBN: 85-85188-52-9
ISBN: 978-85-85188-52-8

97-1790   CDD- 786.207

Indices para catálogo sistemático:

1. Violão : Método : Estudo e ensino   786.207